AF583011

PARA VER LA VICTORIA TIENES QUE CREERLE A DIOS

SEGUNDA EDICIÓN

Dorma Dubón

EDIQUID

PARA VER LA VICTORIA
TIENES QUE CREERLE A DIOS
© Dorma Dubón

Editado por: Corporación Ígneo, S.A.C.
para su sello editorial Ediquid
Av. Arequipa 185 1380, Urb. Santa Beatriz. Lima, Perú
Segunda edición, octubre, 2022

ISBN: 978-612-5078-40-7
Impresión bajo demanda

Hecho el Depósito Legal en la Biblioteca Nacional del Perú N° 2022-09623
Se terminó de imprimir en octubre de 2022 en:
ALEPH IMPRESIONES SRL
Jr. Risso Nro. 580 Lince, Lima

www.grupoigneo.com
Correo electrónico: contacto@grupoigneo.com
Facebook: Grupo Ígneo | Twitter: @editorialigneo | Instagram: @grupoigneo

Diseño de portada: Susana Santos
Corrección: Daniela Olivero
Diagramación: Dianora Gómez Nessi

Colección: Integrales

Contenido

Agradecimientos

Estoy agradecida con Dios por permitirme hacer este proyecto. Sin su ayuda, no hubiese sido posible.

Agradezco grandemente a mi hija y amiga, Flor Pantaleón, por su apoyo y por enseñarme a crecer de verdad. Me animaba día a día. Ver su rostro de felicidad por este proyecto me motivaba a seguir adelante. Agradezco a mi hijo, Cristian Pantaleón, por sus felicitaciones hacia mí.

También agradezco de todo corazón a mi pastor, Joshua Rivera, por tomar el tiempo y apoyo con el preludio, el cual será de bendición para muchos/as. Gracias por sus palabras de animación.

Agradezco a mi jefa y amiga por su apoyo y sus palabras de animación. Gracias, Gina Horton.

De verdad es una bendición sentirme apoyada por otras personas. No fue fácil, pero logré escribir este libro con la ayuda de Dios. A pesar de que es corto, con páginas pequeñas, requirió tiempo y dedicación. El fin y el propósito de escribir es crecer espiritualmente. Te invito a prestar mucha atención cuando leas cada línea, poniéndolas en práctica. Te ayudará.

Este es el primer libro que he escrito. Estoy esperando a que Dios me bendiga con nietos para escribirles un libro de la linda infancia que tuve.

Ya tengo en mente el segundo libro cristiano. Sé que lo escribiré enseguida.

De nuevo, muchas gracias por su apoyo. Bendiciones.

Dorma Dubón
dormadubon74@gmail.com

Prólogo

La Biblia nos dice que sin fe es imposible agradar a Dios (Hebreos 11:6); porque su deseo es que crezcamos en nuestra fe en Él. Sin esta, el miedo se apodera de nuestros pensamientos, decisiones y fuerza de voluntad.

Por ejemplo, el impala africano es capaz de saltar a una altura de más de diez pies y cubrir una distancia de más de treinta pies. Sin embargo, esta magnífica criatura puede ser mantenida en un recinto de cualquier zoológico con una pared de tres pies. Está comprobado que los impalas no saltarán si no pueden ver en dónde caerán.

Tienen la capacidad de más, pero su recinto los ha limitado.

Como seres humanos, luchamos con recintos mentales y emocionales. Hemos permitido que las palabras negativas de los demás nos encierren en jaulas de miedo y duda. Nosotros existimos para más, no debemos dudar de que Dios nos ha creado con la capacidad de hacer más de lo que podemos imaginar.

¿Por qué digo eso?

Porque Dios nos ha brindado una asignación divina y la capacidad de cumplir ese propósito.

Dios nos hizo por una razón y nuestra vida tiene un significado profundo, el cual descubriremos al hacer de Dios el punto central de nuestra existencia.

Martin Luther King Jr. dijo una vez: «La fe es dar el primer paso, incluso cuando no se ve la escalera completa». Y continúa diciendo: «Solo en la oscuridad puedes ver las estrellas, así que deja que tu fe brille en tu oscuridad».

Hebreos 11:1 define la fe de esta manera: «La fe es la sustancia de lo que se espera, la evidencia de lo que no se ve». Básicamente, lo que el autor dice es que la fe es la expectativa de una *esperanza* que debe tener alguna *sustancia*.

Aún no podemos ver a Dios (un día lo haremos), pero sabemos que Él es real (sustancia).

Alguien dijo: «La fe es como el wifi: es invisible, pero tiene el poder de conectarte con lo que necesitas».

Nada es demasiado difícil para Dios. Aquel que envió maná del cielo todos los días para alimentar a una nación hambrienta durante cuarenta años también puede nutrirte. El que hizo que el agua saliera de una roca en el desierto puede refrescarte. El que hizo flotar un hacha sobre las aguas puede mantenerte sobre el mar. El nombre de nuestro Dios es El-Shaddai, ¡Dios es todo y suficiente! Él es tu Dios, si decides confiar en Él y servirle con todo tu corazón.

En estos próximos capítulos, Dorma Dubón, a través de la palabra de Dios, su testimonio y consejos de vida, te ayudará a tener una vida donde puedas crecer en tu fe y relación con Dios. Su experiencia será de gran ayuda en tu jornada de devoción. Te animo sinceramente a abrir tu corazón, permitiendo que Dios te ministre mediante este poderoso proyecto.

Joshua D. Rivera
Pastor de la Iglesia Fuego Church

Dios puede transformar tu vida espiritual a través de este libro. Leer con cuidado cada escritura que aparece en él te conducirá a la sanación. Por eso te recomiendo poner en práctica las palabras que Dios te proporciona mediante este texto, si puedes activar tu fe y creer en Él. Este escrito será de mucha bendición para tu vida, pero el mejor libro que conozco es la palabra de Dios. Personalmente, he tomado las promesas de Dios en la palabra, las cuales son fieles y verdaderas. Mateo 11:28 dice: «Venid a mi todos los que estáis trabajados y cansados y yo os haré descansar». Es una bendición conocer las promesas de Dios y aplicarlas en tu vida. Te fortalece; te anima; sana tu mente y tu corazón; te da paz y gozo, los cuales solo Dios es capaz de ofrecer.

Introducción

¿Crees que Dios te puede sanar? Si tienes fe y crees que sucederá, Dios lo hará.

No obstante, en muchas ocasiones la fe es insuficiente para ver un milagro.

Sin lugar a dudas, la mejor forma de emplear el tiempo a diario es estudiando la palabra de Dios junto a Él. Éxodo 15:26 expresa: «Y dijo: Si oyeres atentamente la voz de Jehová tu Dios, e hicieres lo recto delante de sus ojos, y dieres oído a sus mandamientos, y guardares todos sus estatutos, ninguna enfermedad que envíe a los egipcios te enviaré a ti; porque yo soy Jehová tu sanador».

No importa qué tan agitada sea tu agenda, si tú y yo le damos tiempo a Dios, te sorprenderás. Sé que vivimos en un mundo cada día más agitado. Parece que nuestro vivir cotidiano está agotando nuestro tiempo; por eso debemos ser cuidadosos y dedicar un espacio a Dios, lo que evitará que estemos agotados, porque Él nos da paz.

Romanos 8:28 dice: «Y sabemos que a los que aman a Dios, todas las cosas les ayudan para bien, esto es, a los que conforme a su propósito son llamados».

El mes de enero del año 2021 fue una etapa muy difícil de mi vida. Nunca imaginé escribir un libro. Durante esta temporada ardua, escuchaba en el día y parte de la noche el canto Voy a ver la victoria. Lo memoricé sin saber que Dios iba hablarme a través de él. Un día, iniciando la semana en mi trabajo, tuve un pensamiento: «¿Y si escribo un libro? Lo voy a titular *El vagabundo*».

Me preguntaba cómo iba a hacerlo, qué iba a escribir. Más tarde lo conversé con mi jefa y amiga Gina.

—Está bien. Hazlo —me dijo.

Una semana después seguía dándole vueltas al asunto. A pesar de que estaba pasando momentos difíciles, mantuve la idea de escribir un libro.

En realidad, nunca había imaginado hacerlo. El deseo nació debido a la voz que escuché. Un día, mientras cantaba Voy a ver la victoria, volví a oír la voz. Decía: «Sí vas a ver la victoria. Cámbiale el título al libro». De inmediato pensé en *Para ver la victoria tienes que creerle a Dios.*

Así fue como inicié el texto, durante esa temporada difícil por la que estaba pasando. Sentí que recobraba fuerzas en medio de todo. «Voy a ver la victoria», me dije, recordando la palabra de Juan 10:27-28: «Mis ovejas oyen mi voz, y yo las conozco, y me siguen; y yo les doy vida eterna, y no perecerán jamás, ni nadie las arrebatará de mi mano». El motivo de escribir este libro es porque, sin duda alguna, será una bendición para las personas que podrían estar viviendo momentos duros como yo los que yo pasé. Quiero decirte que Dios tiene grandes cosas para tu vida detrás de cada dificultad.

Recuerdo que fue un viernes.

Era el momento de dormir, así que oré y me acosté. A las 5:15 h tuve un sueño en el que estaba retenida en un cuarto largo y sin ventanas. Me ahogaba, era una fobia horrible.

—¡Sácame de este cuarto! —exclamaba.

En efecto, al despertar me estaba ahogando, tenía esa fobia. Cuando abrí mis ojos, me faltaba la respiración. Fue una experiencia horrible. Pensé que tomar agua lo solucionaría, pero lo empeoró. Corrí hacia el patio para tomar más aire, solo quería ver abiertas las puertas y cortinas. Sin embargo, el problema se mantuvo. Después tuve una tristeza grande, sin saber de dónde provenía. En medio de tal desesperación, empecé a orar sin parar, porque es lo que se hace al pasar algo fuerte. No tenía fuerzas ni deseos de orar, sino pánico. Aun en medio de ese terror tan grande, me esforzaba por orar, pues pensé que serían los últimos momentos de mi vida.

Cuando desperté, vi humo en las esquinas de mi cuarto, el cual me estaba asfixiando. ¡Ver las puertas cerradas era tan desesperante! Era como si estuviera muriendo por la falta de aire. ¡Era una fobia horrible, tan fuerte y tan frustrante! Empecé a temblar y a llorar, sintiéndome débil e inservible. Había personas que no me dejarían mentir, así que las llamé a medianoche, porque tenía miedo de morir ahogada. En ese momento de angustia, salí a llorar a gritos, como una loca. Solo pensaba en lo desesperante de la muerte. Agradecí a las personas que me contestaban y oraban por mí. Siempre tuve mucho temor, pero lo más fuerte eran las noches. Mi angustia era tanta que abrí mi corazón a algunas personas y les conté el momento tan difícil que estaba pasando. Me dieron algunas sugerencias.

—Ve al médico, busca ayuda o una consejera. Ora —me dijeron—, vas a vencer.

Mi cabeza se bloqueó mientras estuve en esa situación adversa, quedando en blanco en medio de una lucha desesperante. Una palabra de ánimo era de ayuda, porque me sentía sola y pensaba que nadie me quería. ¡Lloraba tanto! Esta lucha empeoraba por las noches, cuando me enfrentaba a ella. A pesar de que me sentía sola, no lo estaba, porque el padre, el hijo y el Espíritu Santo estaban conmigo, y Dios es más poderoso que cualquier adversidad. Gracias a mi confianza en él, pude ganar las batallas.

Agradezco a Dios por no haberme dejado sola en esa temporada difícil de mi vida.

En algunos momentos sentía que iba a perder mi mente. Pensaba «¿Será que me estoy volviendo loca?». El pánico llegaba con la hora de dormir, en forma de temblor corporal. Temía morir ahogada. De repente, miré al cielo y dije:

—Dios, yo no quiero este temor. El miedo no viene de ti.

Entonces fue como si hubiese recobrado fuerzas. Aunque los ataques parecían ser más fuertes, dije:

—Dios, tú me has dado poder y autoridad en mi boca. Declaro que ningún arma forjada contra mí prosperará. Hablo en nombre de Jesús a esta ansiedad que se sale de mi cuerpo. Hoy desactivo todo derecho legal que el enemigo ha planeado contra mí, y me declaro sana.

Me sentía como tal, mejor. Así que fui recobrando fuerzas, paseando por toda mi habitación. Caminaba y caminaba, diciendo:

—No prosperará el arma forjada. La oscuridad no prevalecerá, porque el Dios al que sirvo siempre triunfará. Mi Dios no fallará —expresé en un poderoso canto.

En esta temporada le hablaba al temor con mis propias palabras:

—Aquí no hay lugar para ti; yo soy hija de Dios; yo cierro toda puerta al temor. El temor no es de Dios —le decía al miedo—. Yo sé que entraste por una puerta, pero en nombre de Jesús te doy la orden de que salgas.

Entonces recordé lo que dice en 2 Timoteo 1:7, donde se expresa que Dios no nos ha dado un espíritu de cobardía, sino de poder de amor y de dominio propio. Yo seguía luchando. Debido a las palpitaciones tan fuertes de mi corazón, fui al médico a hacerme un cardiograma. El doctor dijo que todo estaba bien, que era una fuerte ansiedad, que era normal y que tenía que aprender a vivir con ella. En mi mente dije: «Yo no quiero vivir con esto». Parecía empeorar cada día.

En un momento de desesperación, tuve miedo incluso de perder mis trabajos. El doctor me dio algunas recomendaciones:

—Busca a tus amigas, habla con ellas. Sal a caminar o a correr, haz ejercicio. Lee libros —aconsejó. Además, me preguntó—: ¿Vas a iglesia?

—Sí —le respondí.

—Involúcrate —me contestó—. Hacer algo en la iglesia te ayudará.

—Estoy involucrada —le dije—. Estoy en el grupo de oración.

—¡Buenísimo! —exclamó—. Lleva una buena alimentación, duerme ocho horas.

Las recomendaciones se escuchaban muy bien, pero yo seguía creyendo que iba a ver la victoria. Pude experimentar que la ansiedad provenía del enemigo. Le pedía a Dios que me diera fuerzas para orar. Cuando lo hacía con autoridad, la ansiedad se calmaba. En uno de estos ataques, una medianoche de febrero de 2021, ya no llamé a nadie, porque el enemigo es un mentiroso, siempre queriendo arrebatar la paz. Seguí creyendo que iba a ver la victoria. Empecé a orar, a leer la palabra de Dios, a meditar y a estudiar las sagradas escrituras. Lo que sentía era tan fuerte que empecé a hacer cosas que no había hecho, como escribir lo que leía y meditar. Eso era bueno.

Estamos en una temporada donde el enemigo está quitando la paz a muchos con la ansiedad, ¡pero tengo buenas noticias! Hay cura, hay solución: la oración. A través de ella, Dios puede sanarnos, siempre que creamos en las promesas que Él dejó en su palabra, como dice en Salmos 30:2: «Señor mi Dios, te pedí ayuda y me sanaste».

No importa qué tan hundidos estemos en la ansiedad ni qué tan mal nos sintamos, Dios es la solución. Podemos salir, no importa qué tan profundo sea. Jeremías 29:11 expresa: «Porque yo sé los pensamientos que tengo acerca de vosotros, dice Jehová, pensamientos de paz y no de mal, para daros el fin que esperáis». La verdad, la palabra de Dios es alentadora. Genera gozo y paz. Las guerras que se presentan no pueden vencerse sino con oración y fe. Mateo 21:22 dice: «Y todo lo que pidiereis en oración, creyendo, lo recibiréis». Debemos aceptar esas promesas, creerlas y aplicarlas en nuestras vidas. Este versículo es clave para obtener sanación.

La decisión más grande que podemos tomar es tener un buen estado de ánimo. Aun cuando parece que Jesús duerme, Él sigue teniendo la barca de nuestra vida bajo control.

No te desesperes cuando Dios esté en silencio, Él te sorprenderá. Los silencios de Dios son asombrosos y poderosos.

2 Samuel 22:33 dice: «Dios es el que me ciñe de fuerza, y quien despeja mi camino».

En la ansiedad, la mente se inunda de preguntas asfixiantes. ¡Qué aterrador es sufrir un ataque de pánico y sentir que ya no se puede más! Pero es una mentira del enemigo, aquí está la solución, en la palabra de Dios. Filipenses 4:13 dice: «Todo lo puedo en Cristo que me fortalece». Dios es nuestra solución. Es necesario dar a Dios nuestra debilidad para que Él nos dé la paz. La oración es poderosa activando la fe, no hay nada más grande que el poder de Dios. La ansiedad es terrible y cruel, pero no es más grande que su poder. Para verla desaparecer, se hace necesario orar con autoridad.

Muchos/as dicen que se sienten ansiosos y que están estresados, pero probablemente no han experimentado y jamás entenderán lo espantosa que es la verdadera ansiedad. Solo los que hemos estado ahí sabemos cómo la cabeza se inunda con preguntas negativas. Afecta cualquier conversación; todo da tristeza, sensibilidad, temor, soledad. Es una angustia desesperante que hace cuestionarse: «¿Estaré así para siempre? ¿Perderé el control propio? ¿Habrá algo malo en mi cerebro? ¿Estoy demente? Me siento solo/a. ¿Qué pasa si mi corazón deja de latir?». Entre más se piensa, más rápido palpita el corazón, y la mente sigue: «Voy a morir, no puedo respirar». Al ir al médico, no encuentra nada. Es el enemigo que solo se puede vencer con oración.

Estas preguntas negativas se pueden vencer con respuestas positivas, con oración, leyendo la palabra de Dios. Si se les presta atención a las preguntas negativas, el ritmo cardiaco se acelera y la cabeza piensa que algo malo va a pasar. Al final, es la mente misma lo que debe trabajarse para darle fin a la enfermedad que viene del enemigo. Solo Dios puede ayudar. Nosotros tenemos el poder y la autoridad en nuestra boca, como dice Lucas 9:1: «Habiendo reunido a sus doce discípulos, les dio poder y autoridad sobre todos los demonios, y para sanar enfermedades».

No debemos estancarnos, no debemos permitir que el enemigo calle nuestra boca. Tenemos que creer en las promesas que están en su palabra, declarándonos sanos/as en el nombre de Jesús, a fin de ver la gloria de Dios. Es necesario activar la autoridad, hablándole a la enfermedad con el poder que Él nos ha otorgado. Así desaparece toda enfermedad, con lo que podremos declararnos libres, en victoria, observando la mano del Señor. Yo la vi cuando no sabía qué estaba pasando conmigo. Me ponía a llorar y empezaba a llamar personas a causa de la desesperación.

En medio de la angustia, levantaba mi rostro al cielo y le decía:

—Dios, yo no estoy sola, tú caminas conmigo y contigo puedo vencer cualquier obstáculo.

Entonces llegaba a mi cabeza todo lo que provenía del enemigo, transformándose para bien. Tanta era la angustia que abrí mi corazón a algunas personas, quienes estaban orando por mí. Me sentía sola y pensaba que nadie me quería, pero era una mentira del enemigo.

A veces no entendemos por qué pasamos por situaciones tan difíciles. Todo lo que viene del enemigo se transforma para bien, los tiempos a solas con Dios nos permiten comprobar que no estamos solos, así como crecer espiritualmente. La fe aumenta al aprender a escuchar la voz de Dios. Este proceso despertó una sed, un hambre grande de leer su palabra. Aprendí a darle más tiempo, manteniendo una conexión siempre activa con Él, porque los tiempos con Dios son los mejores momentos de la vida.

En esta temporada, seguiré declarando con mi boca «Voy a ver la victoria».

Isaías 40:29 dice: «Él da fuerzas al cansado, y multiplica las fuerzas al que no tiene ninguna».

Estas promesas tan poderosas sirven para levantarte y recobrar fuerzas, elevando las manos al cielo y diciendo «Voy a ver la victoria». En tales situaciones surgen cuestionamientos como «¿Por qué a mí?» o «¿Por qué tanto?». Sentimos que ya no podemos más, pero Dios no nos da más de lo que podamos soportar. Él permite algunos procesos para sacar cosas grandes de nosotros.

Conforme iban pasando los días, Dios me dio la victoria y la oportunidad de escribir, permitiéndome ayudar a otras personas a través de este libro, a fin de que experimentaran que solo en Dios está la solución. Es aquí donde se ve la gloria de Dios.

Nuestra fe es inamovible, es la posición en la que Dios nos quiere ver, activando los dones que nos ha dado para ver su gloria. Todos tenemos dones, pero a veces están escondidos o no queremos desarrollarlos. Los dones son un regalo de Dios, Él tiene dones para todos. Muchos/as pasamos por distintas situaciones adversas, pero es mediante ellas que Dios nos hace más fuertes.

No debemos dejarnos vencer o dominar por la ansiedad, pues esta es solo una lucha con nuestra mente. Si lo hacemos, el enemigo irá avanzando. Yo no permití acostumbrarme a ella, sino que la vencí con oración. Proclamaba a Jesús, cuyo nombre posee un poder sobrenatural. Me decía «En el nombre de Jesús, yo puedo», porque este nombre es poderoso.

Así empecé a ver cómo la atmósfera cambiaba. Aun haciéndolo, el enemigo intentaba regresar y buscaba la manera de volver a molestarme con lo mismo. Pero solo sería capaz de entrar si yo lo admitía. No debemos dejar que nos venza. Recuerdo que la última vez que tuve un ataque agudo, a medianoche, sentí coraje con el enemigo y le hablé con voz fuerte:

—¡Basta! —exclamé— Ya no más. No soy un títere tuyo, así que vete fuera de mi cabeza. Te equivocaste de lugar.

Pasé unas dos horas orando, leí por una hora y escribí por otra. El resultado fue que, cuatro horas más tarde, me sentía sana. Había tomado fuerza durante ese período. «Se acabó, este es el momento». Quería salir de esa desesperación tan grande. Sentí paz. Dios me había otorgado la victoria. Desde ese momento fui consciente de su respaldo. Sané y me recosté a las 5h.

Dormí el resto de la mañana. Tuve un sueño en el que escuché una voz linda que me dijo:

—Estás lista para escribir tu libro.

Solo podía ver sus manos en el sueño. ¡Eran tan bellas! Inexplicablemente, eran lo único que podía ver. En ellas había un libro nuevo y en blanco.

—Te voy a enseñar cómo lo harás —indicó. Era una voz hermosa. Abrió el libro y me dijo—: Debe llevar tres cosas: índice, introducción y prólogo —explicó, señalándome las hojas en blanco—. No te detengas, escribe. Tú puedes.

El sueño fue tan bonito que no pude olvidarlo. Sentí que Él estaba confirmando, que Él había sembrado en mi corazón la idea de hacerlo. Me levanté y pensé: «No me detendré, empezaré a escribir». Entonces comprendí que todo lo que viene del enemigo se transforma para bien. Me dije: «Lo lograré en el nombre de Jesús».

Dios ama los nuevos comienzos. Si tú necesitas uno, Él lo tiene para ti. Dios es fiel y cumple sus promesas. El Dios al que sirvo triunfará, Él nunca fallará.

Me levanté con una mente diferente. Sentí paz y un gran deseo de escribir el libro. Desde entonces no me detuve. Cada vez que me sentaba a escribir, Dios me daba las palabras. No batallé, porque su respaldo estaba conmigo. Estoy más que agradecida con Él. ¿Cómo no adorarlo? Por eso le doy mi mejor adoración, con mis manos levantadas en todas las luchas y pruebas de mi vida. El momento en que más le adoro es cuando elevo al máximo mis manos en un gesto vencedor. He visto la mano de Dios.

Mateo 19:26 dice: «Y mirándolos Jesús, les dijo: para los hombres en imposible; mas para Dios todo es posible». Así que tú y yo podemos tomar esta promesa: para Dios no hay nada imposible, no hay excusa. Dios puede sacarnos de cualquier situación.

Tengo una clave poderosa que se puede aplicar cada vez que el enemigo quiera atacarnos. Se trata de orar y leer la palabra de

Dios. La oración debe contener fe para producir el milagro. Lo repito: todo lo que viene del enemigo se transforma para bien. A través de esta situación difícil se despertó un hambre voraz de leer la palabra de Dios. El enemigo lo intentaba, pero yo decidía si iba o no a escuchar sus mentiras. No le abramos la puerta, no le demos rienda suelta a sus mentiras.

1 Pedro 5:7 dice: «Echando toda vuestra ansiedad sobre él, porque él tiene cuidado de vosotros».

No dudé en empezar a escribir, pues estaba completamente segura de que había recibido una confirmación de Dios. Él me habló y sé que vino de Él. Es precioso y bello escuchar su voz, así como serle obediente. Él quiere que creas que es sanador, libertador de tu sustento, tu pronto auxilio, tu paz en medio de la tormenta. Dios es nuestra solución, como lo ha sido conmigo. Búscalo y verás su gloria.

¿Qué encontrarás en este libro?

Después de conocer mi testimonio, encontrarás algunas reflexiones que Dios puso en mi corazón para escribir.

Quiero enseñarte reflexiones poderosas de la manera más sencilla posible, con versículos de la palabra de Dios. Son claves útiles para que tomes las promesas de Dios y actives tu fe.

El enemigo es un mentiroso, él va a querer dar una vuelta a la esquina para luego regresar e intentar hacer que sientas lo mismo. Depende de ti si le abres la puerta, porque tenemos un Dios poderoso que escucha nuestras oraciones.

¿Sabías que Dios ha otorgado poder y autoridad a nuestra boca para declarar palabras positivas sobre nuestras vidas? En Proverbios 18:21 dice: «La muerte y la vida están en el poder de la lengua, y el que la ama comerá de sus frutos». En este versículo tan pequeño nos enseña el poder que hay en nuestra palabra. Si tienes una fe fuerte, puedes vivir en lo positivo, puedes poseer aquello que tú declaras o confiesas; por ejemplo, declaraciones sobre uno mismo: «Yo no estoy sola, yo me declaro sana». Hay muchas palabras positivas que puedes declarar o profetizar a tu vida.

No olvides que nuestras palabras tienen poder para declarar la vida, puedes decirte a ti mismo «Caminaré y no me fatigaré», declarando que todo va estar bien, y todo estará bien.

Dorma Dubón es miembro de la iglesia Fuego Church.
Mis pastores son: Joshua Rivera y Lavan Rivera.
Dirección de ambas iglesias donde asisto:
Fuego Church DeSoto Campus 1331 S I-35 E, Tx 75115
Fuego Church Red Oak, campus 211 N Main St Tx 7515

Vence la ansiedad, ¡tú puedes!

Luego que clamaron a Jehová en su angustia,
los libró de sus aflicciones y los sacó de las tinieblas
y de la sombra de la muerte y rompió sus prisiones.
Salmos 107:13-14

Cuando te digo que no te dejes vencer por la ansiedad, es porque yo he salido de ahí. Así como me ayudó mi Dios, de la misma manera te puede ayudar a ti. Tú y yo tenemos herramientas poderosísimas como la palabra de Dios, la oración y el ayuno. En este versículo podemos ver que cuando clamamos al Señor en nuestra angustia, Él nos libra de nuestras aflicciones. Las buenas noticias que encontramos en la palabra de Dios son la esperanza que tenemos en Él, y tener a quien acudir cuando nos sentimos desesperados. Cuando te sientas ansioso, clama a Él, pídele que te sane y Él lo hará. Satanás es un mentiroso y quiere distraernos y envolvernos en sus mentiras, pero él no podrá, porque mayor es el que está con nosotros que el que viene en contra de nosotros.

Yo soy testimonio de lo que Dios ha hecho en mi vida. Esta molestia incómoda es un espíritu manipulador que se asocia con la tristeza y el desespero, sintiendo que no vales nada, lleno de inseguridades y temores. Es una cadena de cosas detrás de todo, pero es pura obra del enemigo, y continúo hablando del salmo que escribí al principio, donde dice que Dios nos saca de las tinieblas y de la sombra de la muerte; por eso, debemos entregarle toda carga, toda ansiedad a Jesús y descansar en Él. Su poder es suficiente para sacarte de la ansiedad, así como lo hizo conmigo. Él te sana, te restaura y te saca de todos tus temores. Él me sanó; por eso estoy tan agradecida con mi Rey amado, por su poder, por su amor, y por lo bueno que ha sido conmigo, y así te puede sanar a ti. Solo confía, vence el temor, vence la angustia y la inseguridad. Sé sano de la enfermedad y del tormento, y esto solamente lo alcanzamos con el poder de Dios y pidiendo con fe. Sabemos que los obstáculos siempre van a existir, pero no te desanimes ante ellos. Tú puedes sacar lo mejor de ti y eso te hará más fuerte. Dios observa tu debilidad cuando llegan esos ataques de ansiedad, y en tu aflicción clamas y Él te demuestra su amor, dándote tranquilidad y haciéndote brillar. Mira qué Dios tan poderoso el que nosotros tenemos; por eso, yo lo amo.

Cuando sientas ataques de ansiedad, no le des libertad al miedo. Yo pude experimentar esto: si en ese momento no le pides a Dios, vas a sentir fuertes palpitaciones en tu corazón, y después viene la taquicardia debido al mismo temor, y uno piensa que va a morir, pero solo es una mentira del enemigo, porque ni el médico puede curarla, y uno mismo tiene que ser fuerte, tomado de la mano del Señor, para poder vencer y no temer; al contrario. Así aprendí a sacar fuerzas y pararme firme, pero la ayuda venía de Dios.

En la ansiedad, debes pedirle a Dios ser fuerte para que el enemigo no tome el control de tu debilidad. En muchas ocasiones, durante la temporada que tuve ansiedad, me sentía tan débil; sentía que perdía mis fuerzas y pensaba que iba a morir. En esa debilidad, le decía a Dios: «Dame fuerzas, porque las siento perdidas», y ahí pude sentir cómo Dios me daba la fortaleza para seguir. Cuando estés pasando por esto, no te quedes de brazos cruzados ante esta situación. Si no le pides ayuda al

Todopoderoso, te va a costar salir de esa cruel ansiedad. Si eres fuerte, serás libre y vivirás el resto de tu vida normal y con paz. Al Señor le gusta que seamos fuertes y valientes, y Él notará la fe con que le estás pidiendo. Es aquí donde encontrarás tu salida, si crees y confías en el poder de Dios.

Ten fe y aprende a confiar en Dios.

Disfruta de tu tiempo. Tómate tu cafecito sin preocupación.

Disfruta la brisa bajo un árbol, lee un libro o la palabra de Dios.

Toma tiempo para orar. Hazlo donde más te gusta; entrega todo a Dios.

Disfruta los momentos hablando, comiendo y compartiendo con tu familia.

Sirve en un ministerio y hazlo de buena voluntad y con todo tu corazón.

Cada vez que puedas reír, ríe a carcajadas. Eso te ayudará mucho.

Nunca te permitas sentir amargura cuando estés atravesando la ansiedad, porque eso te hará mucho más daño. En lugar de amargarte o estar triste, permite que la actitud cambie.

Lee la palabra de Dios en Salmos 18.

Dale tiempo a Dios

No podemos engañarnos a nosotros mismos. Dios nos ve cuando le dedicamos tiempo.

La oración es la base fundamental para nosotros, los cristianos. Si no oramos, no podremos vencer ninguna de las batallas que tenemos día a día. Debemos orar en todo momento, poner a Dios en primer lugar y pedirle dirección en cada decisión que tomaremos. Si vivimos conectados con Él, todo saldrá bien y podremos caminar confiados en que Dios toma el control de nuestras vidas. Antes de orar, dile a Dios que te llene de fe. No pienses que no te está escuchando; no permitas que entre el desespero, porque Él nunca ha dejado de escucharte. Él te consolará, te fortalecerá y te sorprenderá, porque el amor de Dios hacia sus hijos es incondicional.

San Mateo 6:6 dice cómo debemos orar. Hacerlo es importante porque lo que estamos declarando aquí en la tierra está siendo desatado en los cielos, porque Él está escuchando. Intercede por nosotros. Por eso, debemos orar en todo momento; por su gracia y su favor aún estamos vivos. Y Él nos ama tal como somos, ¿cómo no agradecerle? Es posible que haya muchos cristianos exitosos, y algunos dirán: «¡Qué exitoso es! Seguramente ha orado lo suficiente y le ha pedido a Dios con todo su corazón, y con fe, para haber alcanzado tanto éxito». Nosotros somos lo que somos por tomar ese tiempo con Dios, y para eso debemos tener el hábito de orar, para estar siempre alegres. Orar es dar gracias a Dios por todo. Orar es declarar que soy hijo, o hija, de Dios. Orar es hablar con Él y declarar las cosas que no son como si lo fueran; tenemos que orar por los bombardeos del enemigo y resistirlo. No acostumbres orar solo cuando tengas necesidad o estés pasando alguna dificultad. Lo debemos hacer todo el tiempo, pues es vital. La oración diaria nos da la oportunidad de vivir victoriosos, día tras día, en todos los aspectos. Dios quiere que le presentemos nuestras preocupaciones, y si Él nos llama a su presencia, pasamos de muerte a vida y es una gran ganancia. Por eso, la conexión con Dios es muy importante. La oración diaria es un acto de obediencia y adoración. Hacerlo nos ayuda a entregarle nuestras cargas a Él.

Lee la palabra de Dios en 1 Pedro 5:6.

Sé positivo

Mas el justo vivirá por fe; y si retrocediere,
no agradará mi alma.
Hebreos 10:38

Debemos ser positivos cuando hablamos y pensamos, porque cuando pensamos negativamente, estamos dejando de confiar en Dios.

No debemos distraernos de las circunstancias de la vida, ni permitir que el miedo robe nuestro positivismo para afrontar las debilidades que se nos presenten.

Cuando hablamos de forma positiva, estamos demostrando que tenemos fe y convicción en que todo va a estar bien.

Los hijos de Dios debemos ser positivos sin retroceder. El versículo que aparece al principio dice que si retrocedemos, desagradamos a Dios. No debemos cargar con pensamientos que debilitan nuestra fe, ni dejarnos manejar por nuestras emociones. No permitamos que el negativismo entre por problemas financieros, enfermedades, preocupaciones, frustraciones o ansiedades. Hay una infinidad de motivos por los cuales podemos desanimarnos, pero, de igual manera, hay una infinidad de pensamientos positivos que podemos encontrar en la palabra de Dios: Él es mayor que todo lo que viene en contra de nosotros.

Debemos cambiar nuestra manera de hablar y de pensar; agradecer a Dios por cada día y verlo como una oportunidad, un regalo del Señor, pensar que así cambia nuestro entorno. Hablemos positivamente, aunque las cosas no estén funcionando como queremos. Tenemos que ser fuertes; Dios mira nuestro positivismo y se glorificará en nuestras vidas. La palabra de Dios dice: «Bendito el varón que confía en Jehová, cuya confianza es Jehová» (Jeremías 17:7). Nuestra confesión debe estar de acuerdo a la palabra de Dios. Cuando confiemos, caminaremos, y debemos estar seguros de que no nos vamos a fatigar; podemos andar seguros.

Dios te dará paz

Tú guardarás en completa paz
aquel cuyo pensamiento en ti persevera,
porque en ti has confiado.
Isaías 26

Tener paz es confiar y saber que Él nos aguarda, como dice su palabra. Si perseveramos, es porque estamos confiando en Dios; su misericordia y su amor permiten que nos mantengamos confiando en Él. Usa palabras como: «Ya no soy esclavo del temor». Así es como puedes honrarlo. Además, con esta actitud hablas poderosamente a los demás. Tu ejemplo es una manera de desarrollar una paz consciente. Se trata de aprender a vivir en el presente. El plan de Dios es siempre lo mejor. A veces el proceso puede resultar doloroso y difícil, pero recuerda que cuando Dios está en silencio, algo está haciendo por ti. Lo que necesitas es tener tranquilidad. Vivir en paz consiste en aceptar las diferentes situaciones que se avecinan día a día. Dios te ha dado la capacidad de ejercer autoridad y fe para que encuentres paz, gozo y propósito. Mantén el hogar con la luz del evangelio, vive y brilla por medio del estudio de la palabra de Dios y la oración. Puedes ser una parte esencial de esa influencia justa. Vive de tal manera que el Señor te guíe hacia donde él quiere que estés. Si aplicas sus mandamientos de forma digna, podrás desenvolverte con una gran paz.

Pablo exhortó a que mantuviéramos la paz escribiendo desde una cárcel, lo cual refleja la realidad que él estaba atravesando.

Ahí, en medio de ese proceso difícil, él esperaba un veredicto favorable. Mantenerse en esa posición lleva como resultado un milagro. Cuando tenemos convicción sobre lo que significa permanecer en la presencia de Dios, conseguimos paz en medio de los procesos y gozamos por medio de nuestra confianza en Él. Con su paz, seremos capaces de brillar adonde sea que vayamos.

Estudia la palabra de Dios en Hebreos 12:1-3.

Tu relación con Dios debe conectarse con la fe

Por tanto, os digo que todo lo que
pidiereis orando, creed que lo recibiréis,
y os vendrá.
Marcos 11:24

Cuando pensamos o hablamos de la fe, la base fundamental es creer, porque la palabra de Dios nos dice que todo lo que pidamos, lo hagamos creyendo y lo recibiremos. La conexión con Dios es muy importante; te voy a dar un ejemplo: si no le haces mantenimiento a tu vehículo, te va a fallar. Otro ejemplo más: si no cargas tu teléfono, se apagará. Así nos pasa a nosotros si nos desconectamos de Dios; nos vamos a apagar, y no podemos llegar a ese extremo. Debemos mantener una actitud positiva.

Te pregunto: ¿estás conectado con Dios? No permitas que se cuelen cosas en tu mente para desligarte a Él, no trates de resolver tus problemas con tus propias fuerzas. Ten fe en que Dios y su gracia te resolverán lo que se te dificulta y te llevarán a la victoria.

El Señor desea mantener una relación personal con cada uno de nosotros. Quiere que construyas el aspecto más profundo y trascendental. Jesús es muy accesible. Él está esperando a que nosotros conectemos con él y tengamos fe. Si lo haces, puedes vivir confiado y seguro. La fe abre puertas. Sigue confiando y verás cosas grandes.

Puedes activar tu fe en este momento. Libera tu cabeza de toda actitud negativa, confiando que Dios hará todo que necesites en tu vida.

La fe abre puertas. Para experimentar milagros, pasa tiempo con Dios y tu fe aumentará. Es necesario que hagas todo con devoción a fin de ver grandes cosas. Dios quiere que crezcamos, que lo conozcamos y que confiemos totalmente en Él. Empieza a experimentar una confianza potente y segura que excluya la preocupación y el temor. Al tener una relación de oración y de adoración, desarrollarás un crecimiento con nuestro Padre Celestial. Dios es bondadoso y comprensivo respecto a nuestras debilidades; sin embargo, Él quiere que sigamos adelante en fe. Sigue, no te detengas, sé devoto. Si estás buscando cambios; sanidad; un buen trabajo; mejorar tus áreas financieras y mucho más, ponte en posición para ejercitar tu fe y conéctate. En Hebreos 11:6 dice: «Pero sin fe es imposible agradar a Dios; porque es necesario que el que se acerca a Dios crea que la hay, y que es galardonador de los que le buscan».

Sé persistente

Orando en todo tiempo con toda oración y súplica en el Espíritu, y velando en ello toda perseverancia y súplica por todos los santos.

Efesios 6:18

La palabra «perseverancia» significa ser constante y tener la fortaleza de Dios para vencer todos nuestros temores. La pasión y el amor por recibir o alcanzar algo es lo que nos mantiene constantes en nuestra búsqueda. Los anhelos no se alcanzan a menos que permanezcamos creyendo y seamos perseverantes, con convicciones seguras. Cuando nuestras certezas están en la palabra de Dios, nos mantenemos estables, pues su palabra es estática. Teniendo fe y creyendo, todo lo que deseemos se puede lograr.

Lo más importante que una persona tiene en su vida es la determinación persistente. Es una cualidad que todos debemos poseer y desarrollar para sobrevivir sin rendirnos hasta ver el éxito.

No permitamos que los sueños dejen de realizarse por falta de persistencia. Al contrario, debemos esforzarnos para ser perseverantes y, de esta forma, alcanzaremos lo que soñamos y seremos exitosos. Comienza por persistir en la oración, en la asistencia a la iglesia. Sé persistente si sirves en algún ministerio. Sé persistente en el trabajo, persiste aun cuando las cosas no estén bien. Persiste, ten fe y espera, porque Dios es fiel.

«Señor, pase lo que pase, yo soy más que vencedor en Cristo Jesús. Me vas a sacar de cada problema y me mantendré».

Adopta la fortaleza de Dios y sé perseverante. Toma la decisión de nunca rendirte hasta ver tu sanidad. Lee la palabra de Dios en 2 Crónicas 15:7.

Con Jesús podemos resistir al enemigo

Antes, en todas estas cosas somos más que vencedores por medio de aquel que nos amó.

Romanos 8:37

Como hijos de Dios, no debemos temer, porque tenemos un defensor: un Dios más poderoso que el enemigo. Confiemos en que Dios nos defiende. Efesios 6:12 dice que no tenemos lucha contra sangre y carne, sino contra potestades, contra los gobernadores de las tinieblas. Pero, en el versículo 13, dice que debemos tomar la armadura de Dios para resistir en el día malo. Y Dios anima a estar firme, y esta es la manera en que vamos a resistir al enemigo. Dios tiene poder y puede otorgártelo a través de la fe, a fin de que tengas una vida productiva, llena de paz y de su amor. No puedes estar preocupado o dudando, preguntándote cada día si el enemigo te engañará. El Espíritu de Dios en ti es más fuerte que cualquier ataque o amenaza del enemigo, su palabra nos da esta garantía: si Dios con nosotros, ¿quién contra nosotros?

Debes estar gozoso y orando todo el tiempo. De esta forma, serás capaz de resistir al enemigo, quien no tendrá autoridad sobre tu vida. Dios te ha dado el poder para que puedas vencerlo.

La decisión es nuestra. Satanás va a intentar encontrar la debilidad de cada persona, pero si pides guía divina, puedes decir «no» a cada obstáculo que el enemigo pretenda crear para distraerte. Te invito a pasar más tiempo con Dios, así podrás resistir al enemigo.

En Romanos 8:31 dice: «¿Qué, pues, diremos a esto» Si Dios es por nosotros, ¿quién contra nosotros?».

Apóyate en la palabra de Dios en 1 Pedro 5:8.

Cómo vivir en libertad

Y conoceréis la verdad,
y la verdad os hará libres.
Juan 8.32

Podemos elegir no ser esclavos de Satanás. Somos capaces de resistirlo y aplastarlo con nuestros pies. No hay razón para seguir siendo la misma persona de siempre. Dios le ha dado una personalidad diferente a cada uno, con dones y talentos. Somos libres para servir a Cristo. La libertad que se encuentra en Jesús le da el deseo al creyente de vivir para Él como un siervo. Esta actitud es reflejada por Jesús mismo. En resumen, experimentamos la verdadera libertad de Cristo al caminar por sus rumbos y comprometernos con los cambios que Él hace en nuestras vidas. A medida que nos enfoquemos en su servicio y a los demás, esta libertad proporcionará paz con Cristo para siempre.

Tenemos nuestro libre albedrío, completa libertad en Cristo Jesús y la oportunidad de ver qué tan buenas o malas fueron nuestras decisiones. De esta manera aprendemos a elegir cada vez más sabiamente. Nunca es tarde para mejorar.

Conocer y seguir la palabra de Dios nos hará libres. Puede que para conseguirlo sea necesario transformar ciertas cosas.

Sin embargo, hay acciones que también somos libres de hacer en Cristo. Podemos salir en confianza y probar algo nuevo, como ser testimonio para otros a través de la libertad que el Señor Jesús nos da.

Jesús murió por nosotros, a fin de que no nos sintiéramos miserables o esclavos del pecado. Vino para que pudiéramos ser libres en Él.

No más esclavitud.

No más temor.

No más inseguridad.

En Cristo somos libres.

Lee la palabra de Dios en 1 Pedro 2:16.

Acéptate como eres

Yo soy el que doy testimonio de mí mismo, y el Padre que me envió da testimonio de mí.

Juan 8.18

Aceptarnos tal como somos tiene mucha importancia. Es necesario agradecer a Dios por nuestra vida, porque si Él nos formó, tiene propósitos para nosotros. Por eso, acéptate como eres. No debemos complicarnos con nuestro físico, porque Dios nos formó, y no debemos tratar de ser como otras personas. Al momento de querer ser como otros, no estamos conformes como Dios nos hizo. Para de competir con otras personas y querer ser mejor que los demás. Si estamos actuando de esta manera, es porque no estamos aceptando como Dios nos hizo. Pídele que cambie las áreas que te están afectando; de no ser así, no estamos aceptando como somos. Tenemos que orar y pedirle a Dios que nos libere de esos pensamientos y que nos ayude a aceptarnos tal como somos.

Por otro lado, no debemos menospreciarnos a nosotros mismos ni hemos de ser orgullosos ni presumidos. Esta actitud nos da felicidad y buena relación con los demás. Dios quiere que tengamos una imagen apropiada y que pensemos correctamente acerca de nosotros mismos. Tratar de hacer lo que otros hacen no funcionará, porque sería una copia del prójimo, sin la guía de Dios. No des paso a la inseguridad, no te compares con nadie. Sé tú mismo y tu fe te llevará a tu destino. Nunca trates de hacer lo que otros hacen. Desarrolla tu propia identidad, pero con la ayuda de Dios. Jesús mantuvo una actitud perfecta en cada situación. Oraba por todo y por nada, se preocupaba. Nosotros también debemos buscar la guía de Dios en cada aspecto de nuestra vida, permitiendo que obre su perfecta voluntad. La actitud de Jesús nunca fue desalentadora: Jesús siempre estaba lleno de esperanza.

Date cuenta de que eres una persona especial para Dios.

Lee su palabra en Jeremías 1:4, 6-8.

Rechaza el miedo con la fe

Entonces les tocó los ojos, diciendo: conforme a vuestra fe os sea hecho.

Mateo 9:29

Puedes escoger qué hacer en tu vida.

El miedo ocurrirá, y es una emoción imaginaria que hace latir el corazón más de lo normal. El terror paraliza y el tiempo en que te quedas estancado no deja de avanzar. No obstante, la fe lo sustituye. Si quieres que algo cambie tu vida, deja de quejarte, deja el temor y empieza a creer. Dios no se mueve por las quejas o por los temores, sino por la fe, la cual es un ingrediente fundamental para lograr lo que te propongas.

Aquí está la clave: lo que importa no es el tamaño de tu fe, sino en quién estás confiando. Un poco de fe puesta en un gran Dios da grandes resultados.

El miedo y la ansiedad son enemigos a los que nos enfrentamos a menudo. Si hay algún área en la que tengas miedo, ponlo en manos de Dios y recibe su gracia, a fin de tener fe en dicha área.

Por ejemplo, si quieres tener un negocio pero tienes demasiado miedo de iniciarlo, el éxito está en actuar y tener fe; eso es lo más importante. En tu momento de búsqueda en oración con Dios, ora y medita en su palabra sobre ser libre. El miedo se convertirá en devoción y valor. Da los pasos de fe que Dios te lleve a dar, aunque sigas asustado. A medida que avances, empezarás a experimentar más y más libertad. La Biblia es clara en cuanto a que la fe no madura y no crece si no hay pruebas.

La palabra de Dios tiene abundantes promesas para que las tomemos y las reclamemos para nosotros mismos. En la enfermedad, podemos recordar lo que dice Isaías 41:10.

Una fe que crezca es lo que deseamos tener, y lo que Dios quiere producir en nosotros es una fe que venza nuestros miedos. No tambalees delante de un reto al que temes, Dios te ha ungido. Tu capacidad no viene de la gente ni del mundo, sino del Todopoderoso. Él es quien determina tus dotes.

No limites tus sueños por el temor: si le das rienda suelta, te consumirá poco a poco. El miedo ocurrirá, pero debes cuidar que no te controle y te lleve al pánico, un demonio tratando de acabar con la esperanza. No tengas miedo. Mantén una fe firme.

Estudia la palabra de Dios en Hebreos 11.

No permitas que nadie mate tus sueños

Cuando tengas sueños grandes que quieres cumplir, el enemigo usará a cualquiera para querer estancarte, o matar tus sueños con una sola palabra negativa. Pero tú y yo sabemos en quién confiar. Ora por los que han querido matar tus sueños. Ámalos como Dios quiere que lo hagas. Si te adormecen en el intento, no te preocupes: duerme, pero vuelve a soñar, y sueña más lejos, para llegar adonde querías.

La desesperación evitará que consigas tus sueños. Nunca pierdas el control. Al contrario, espera en Dios y Él lo hará. Mantente en paz.

Dios quiere cumplir sueños en personas que estén decididas y dispuestas a pagar el precio, a luchar por lo que creen y por lo que quieren. Que no te importe la indiferencia de los demás ni los obstáculos que se manifiesten. Mejor mira al Señor y ten la certeza de que Él te ayudará a cumplir tus metas.

La mayoría de nosotros somos soñadores de primera calidad, con metas que esperamos alcanzar mediante la ayuda de Dios. No obstante, hay muchas situaciones que se nos presentan para que estas no puedan llevarse a cabo. No permitas que se estanquen ante las situaciones que se presenten, sigue siendo un soñador, lucha por conseguirlas. Pídele a Dios salir de la cautividad, que te dé una mente de reino. No permitas que nada te desanime. Cuando Dios te da un sueño, Él va a trabajar tu carácter para que se cumpla. Te va a dar gracia y favor, cumpliendo sus propósitos en tu vida.

Si nadie confía en ti, confía en Dios y en ti mismo. No tienes que caminar en la inseguridad, sino al contrario, porque cuando Dios tiene sueños para ti, algo empieza a cambiar en tu interior.

Dios hará realidad tus sueños, no te detengas.

Lucas 1:37 dice: «Porque nada hay imposible para Dios».

No te detengas.

Estudia la palabra de Dios en Proverbios 16:3.

Qué hacer para no rendirte

Pero esforzaos vosotros, y no desfallezcan vuestras manos pues hay recompensa para vuestra obra.

2 Crónicas 15:7

Practicar todos estos ejemplos es un arma poderosa para no rendirte.

Orar sin cesar para no rendirte.
Ayunar para vencer.
Sé fiel a Dios y Él no te fallará.
Tener fe para resistir lo que quiere desanimarte.
Ser positivo para no desanimarte.
Mantente firme.
Dile no al desánimo.
Dile no a la tristeza.
Dile no al rechazo.
Dile no a la angustia.
Dile no al temor.
No te detengas.
No te distraigas.

No te estanques; pase lo que pase, sigue confiando y verás la mano de Dios obrar en tu vida. El cansancio físico que sientes no solo requiere vacaciones, también oración. Darle un descanso al enemigo le permitirá tener muchas puertas para entrar. No te permitas colapsar por el agotamiento. No pierdas el gozo por lo que no lograste alcanzar, queda tiempo para volver a intentarlo, independientemente de tu edad. Dios es amor y te está esperando para que continúes. No te rindas.

Dios se manifestará en cada uno de los problemas que estás enfrentando, y te otorgará la salida necesaria, abriendo puertas de donde no imaginas, las cuales serán de mucha bendición para tu vida. Dios usará personas que nunca pensarías que podían ser de ayuda, quienes te darán palabras de aliento y alimento espiritual. Por lo tanto, no te rindas, no te canses de luchar, de creer ni de confiar. A su tiempo, verás las respuestas de Dios para cada traba que se te presente. No te des por vencido, porque eres muy valioso para Dios. Él no te dejará solo.

Lee Isaías 40:31.

No pierdas la paz

La paz os dejo, mi paz os doy;
yo no os la doy como el mundo la da.
No se turbe vuestro corazón,
ni tenga miedo.
Juan 14:27

Si la paz de este mundo terminó para ti, es necesario que empieces a pedírsela a Jesús, porque la paz de Él no es pasajera; no tiene límites y permanece, siempre y cuando quieras la paz de Jesús. Debemos ser muy cuidadosos de no perderla; no debemos ser inestables o confiar en nuestras fuerzas. Si lo hacemos, vamos a colapsar, sufrir o decaer. En este mundo, las cosas como el dinero te pueden dar paz temporalmente, y luego te das cuenta de que te sientes vacío o vacilante, y empieza la preocupación hasta experimentar la ansiedad, y es aquí donde cuesta encontrar la salida. Por eso es tan necesario mantenernos conectados con Dios y no perder la paz. Esta tiene que ver con los pensamientos.

Cuando me siento ansiosa, me detengo y le digo: «Dios, no quiero estar más ansiosa. Toma control de mi vida, dame de tu paz y la manera de poder caminar con ella». Qué bueno que tenemos en quien refugiarnos y pedir ayuda, porque nosotros, los cristianos, sabemos que aunque las cosas no estén bien, o como quisiéramos, aun así podemos seguir confiando en Dios por la fe que tenemos. Podemos sobrellevar aquello que no está bien, y con la ayuda de Él salimos adelante. Dios tiene el control de nuestra vida, de nuestra familia y de todas las cosas. Él tiene todas las respuestas de nuestras peticiones. Cree en sus propósitos; con Jesús no perdemos ninguna batalla, con Él estamos seguros.

No pierdas la paz, sigue confiando.

Confía y no tengas miedo.

No te detengas por el miedo.

Si eres fuerte en el Señor, nada te vencerá.

Si estás con el Señor, firme, este mundo no te quitará tu paz.

Lee la palabra de Dios en Salmos capítulo 4.

Ora con fervor y con todo tu corazón, a fin de que Él dé respuestas a tus peticiones. Sé paciente. No te precipites si la respuesta demora, porque llegará en el tiempo de Dios.

A veces, Dios permite dificultades para que crezcamos espiritualmente y aprovechemos la manera en que las superamos a través de su poder. Si no experimentamos las pruebas, no podemos testificar el gran Dios que tenemos.

Sigue caminando con paz y gozo.

Te invito a leer la palabra de Dios en Colosenses 3:15.

Sé fuerte en la prueba

Aconteció después de estas cosas que probó Dios a Abraham, y le dijo: Abraham. Y él le respondió: Heme aquí. Y dijo: Toma ahora tu hijo, tu único, Isaac, a quien amas, y vete a tierra de Moriah, y ofrécelo allí en holocausto sobre uno de los montes que yo diré.

Génesis 22:1-2

En este versículo, puedes ver cómo Dios puso a prueba a Abraham con su fe. Te puedes imaginar cómo se sintió Abraham. De esta misma manera, nos sucede cuando estamos en medio de una prueba, y Dios probó a Abraham y también su obediencia. De igual forma, hay veces que Dios va a probar nuestra fe y ver qué tan fuertes somos.

Cuando te hablo de ser fuertes en la prueba es porque, con la ayuda de Dios, podemos serlo. Mientras estemos en esta tierra, siempre lucharemos con pruebas. Te hablo de pruebas porque yo he pasado por muchas, y Dios me ha ayudado, me ha hecho fuerte y puedo decirte que Él es fiel.

Las pruebas nos hacen fuertes, nos hacen confiar aún más en Dios, y hacen crecer nuestra fe. Nunca cometas el error de frustrarte durante la prueba, porque puede llegar la amargura y, como una trae otra, entonces ya no solo tienes que lidiar con la prueba sino también con la frustración y la amargura. Y hay peligro de que lleguen más. Ten cuidado, porque un amargado trata mal a los demás; no detengas lo que Dios está a punto de hacer, no permitas llegar a este punto. Solo confía, porque cuando lo haces, las cosas suceden. Te animo a que tengas una buena actitud; a través de la prueba, ni tú ni yo podemos cambiar la temporada, pero Jesús tiene el suficiente poder para hacerlo. Debemos ver con nuestros ojos espirituales y decirnos a nosotros mismos: «Ya está a punto de suceder», y alégrate porque Dios te ha hecho fuerte durante el proceso. Vuelvo a repetir: no cometas el error de dejar a Dios durante las temporadas malas, porque se te hará más difícil. Tampoco te quejes o tengas temor. A Dios no le agradan las quejas; el Señor te dará la victoria.

Las pruebas y tribulaciones poseen un propósito: a través de ellas obtenemos la victoria, ¡gracias sean dadas a Dios por ello! El verdadero valor de las cosas está en caminar y avanzar en medio de obstáculos, ya sean causados por una enfermedad o por cualquier otro motivo. La fe que el Señor nos dio debe ser ejercitada, a fin de que crezca cada día. Las dificultades nos ayudan a incrementar nuestra devoción, porque Dios nos acompaña en cada prueba, dándonos la victoria, en donde nuestros dones y habilidades se afinan. Así que no te sorprendas del fuego de las tribulaciones, ¡gózalas!, eres partícipe de los padecimientos de Cristo. Si en esta vida somos vituperados por Cristo, podemos considerarnos bienaventurados.

Gózalo. No te detengas ante las pruebas. Aunque sea difícil, sigue.

Estudia la palabra de Dios en 1 Pedro 4:12-13.

No dudes

Estas cosas os he escrito a vosotros que creéis en el nombre del Hijo de Dios, para que sepáis que tenéis vida eterna, y para que creáis en el nombre del Hijo de Dios.

1 Juan 5:13

Sabemos que la duda siempre va a existir. Podemos llegar a pensar «¿Será que voy a sanar? ¿Va a suceder? ¿Dios me puede cambiar?».

Muchas veces nos dejamos llevar por pensamientos y emociones que pretenden debilitar nuestra relación con Dios. La duda es uno de ellos.

Los sentimientos de incertidumbre no implican que no tengamos fe y que no dependamos de Dios, sino que el diablo está intentando impedir que depositemos nuestra confianza en el Señor.

La duda es un gran problema: es desalentadora, nos hace tomar decisiones pobres y hablar palabras específicas de incertidumbre, como «ojalá», «tal vez» y «quizás». Necesitamos dejar ese tipo de expresiones, a fin de cambiar nuestra mentalidad, pidiéndole a Dios la sabiduría para tomar buenas elecciones y emplear palabras correctas, libres de duda, llenas de optimismo.

La duda y la incredulidad interrumpen la devoción, pero Dios no espera perfección de nosotros, sino que trabaja en nuestras vidas defectuosas a través de la fe. El Señor quiere que confiemos en Él, que le creamos y que mantengamos una actitud positiva y esperanzadora. Devoción es tener la certeza de que Él va a hacer cosas nuevas y buenas en nosotros y con nuestras vidas. De esta manera derrotaremos la duda. La clave es la palabra de Dios. Debemos amarla e ir tras ella con mucho entusiasmo, porque es la que nos alimenta, es medicina para nuestras vidas, es la manera de vencer la incertidumbre. La oración nos cambia y nos transforma.

Lee la palabra de Dios en Romanos 10:17.

Ten cuidado con la pereza, no permitas que te visite

Dice el perezoso: El león está en el camino; El león está en las calles. Como la puerta gira sobre sus quicios, así el perezoso se vuelve a su cama.

Proverbios 26:13-14

Todo el mundo ha experimentado la pereza espiritual, y puede ser que aún estemos luchando en esa área. Se trata de dejar de pasar tiempo con Dios. Al final, algo sucede: una batalla entre el deseo de orar y el espíritu, que muchas veces pierde. Ocurre cuando leemos la Biblia y no la entendemos, gracias a la falta de interés o de importancia que le damos. Hay una cadena de causas para ello, de pronto una llamada pensamientos, preocupaciones, sueño... La pereza no es buena de ninguna manera. El holgazán siempre está buscando motivos para justificar su inacción; nada alcanza, no crece y se molesta fácilmente al ver el crecimiento de los demás. Dios quiere cristianos útiles que hagan algo para su reino. Los haraganes no alcanzan sus sueños, porque la flojera se los impide; pero esto solo ocurre si la abrazamos. La Biblia habla de perezosos porque existen.

El holgazán pasa cada día esperando éxito, pero los años se van y no lo alcanzan.

¡A cuántas personas les gustaría acostarse siendo pobres y amanecer como ricos! Pero para que suceda, debemos trabajar. A otros les encantaría irse a dormir sin hablar inglés y despertar sabiéndolo de forma profesional. Sin embargo, es necesario leer un libro de texto o tomar clases para que sea así. En resumen, es necesario un esfuerzo. Muchos se contentarían con no leer la Biblia por las noches y tenerla en la mente por la mañana. La vida espiritual funciona de la misma manera. Hay malas noticias: eso no sucede. Dios nos demanda trabajo para ver grandes cosas y cumplir sus promesas en nosotros. Existen milagros, pero no sin fe ni oración. Tu vida requiere voluntad y esfuerzo para cambiar; si no los hay, no crecerá ni avanzará.

¡Cuántos cristianos perezosos hay en estos tiempos! Desean la unción sin orar, anhelan la llenura del Espíritu Santo sin pagar su precio, que no se trata de dinero, sino de constancia, de oración y de la decisión de servirle a Dios. Quieren ser profetas pero no dedican su tiempo a Dios. El haragán morirá lleno de promesas, pero no cumplirá ninguna. Hablando materialmente, la pereza impide alcanzar las metas.

Quiero invitarte a esforzarte, a sacudirte, a levantarte con una mentalidad de cambios. Es necesario que haya un rompimiento, una iniciativa. Debes pedirle a Dios que suceda. Él solo está esperando a que nosotros actuemos.

Proverbios dice que la pereza empobrece, impidiendo la realización. Tenemos que reprenderla en el nombre de Jesús. La holgazanería perjudica todas las áreas, tanto espirituales como materiales. Si no perseveras, si no oras, si no buscas a Dios y si no crees, no obtendrás resultados. Ahora bien, si eres constante, serás exitoso en todos los ámbitos de tu vida. Avanza, no te canses, no te des por vencido. Camina o corre para ser exitoso.

Estudia la palabra de Dios en Filipenses 2:13.

No temas

Jehová es mi luz y mi salvación; ¿a quién temeré?
Jehová es la fortaleza de mi vida;
¿de quién he de atemorizarme?
Salmos 27:1

No temer es confiar en el Todopoderoso. Quiero decirte que, unos años atrás, yo pude experimentar un miedo aterrador y pensé que nunca aprendería a manejar un vehículo. Tenía la necesidad, pero el temor me paralizaba, y este miedo lo tenía debido a que mi esposo había fallecido en un accidente en su vehículo, y yo tenía mucho temor de que me sucediera lo mismo. Cuando lo intentaba, temblaba y sudaba, y tenía aquel pensamiento en mi mente. Temía que me podía suceder algo, pero doy gracias a Dios que pude superarlo; le pedí y Él obró y me quitó el temor. Se fue. Y hoy manejo sin miedo alguno. No debemos dejarnos vencer por el miedo.

El miedo paraliza.

El miedo no permite que desarrolles tus dones y talentos.

El miedo te venda los ojos para que no puedas ver las bendiciones que Dios tiene para ti.

El miedo no te permite servir en un ministerio o que lo desarrolles.

El miedo no te permite cambiar o buscar un mejor empleo.

El miedo te hace creer que no va a suceder.

El miedo te hace incrédulo y también puede amargarnos. No debemos permitir llegar hasta este extremo. No dejes que la amargura impida la gracia de Dios sobre tu vida.

Tú eliges entre mirar el tamaño de la tempestad o volverte hacia Aquel que puede apaciguarla. Cuando te sientas abrumado, siempre tendrás dos opciones: enfocarte en tus miedos y en las circunstancias que vives o posar tus ojos en Jesús.

Si eliges mirar a Jesús por encima de todo lo demás, comenzarás a ver que las tormentas que enfrentas no son tan poderosas como el Salvador que elige caminar a través de ella, a tu lado, para sacarte de la dificultad. Así puedes obtener la paz.

Para no temer, debes tener fe. No permitas que las pruebas muevan tu fe o te desenfoquen en tu búsqueda a Dios. Camina en rectitud, sin miedo, confiando en que todo va a estar bien. Cuando crees, es porque va a suceder. No debemos temer; confiar en el Señor es la mejor decisión que podemos tomar para mantenernos en una posición firme.

Enfócate en la palabra de Dios en Salmos 3:3-4.

Dios te dará las fuerzas

Porque esta leve tribulación momentánea produce en nosotros un cada vez más excelente y eterno peso de gloria.

2 Corintios 4:17

Estoy totalmente fortalecida leyendo esta escritura. Tú y yo debemos tener confianza en Dios. Fortalecernos en Él nos dará las fuerzas que necesitamos. Solo poner nuestra confianza en Jesús tiene el poder para calmar las tormentas que nos rodean.

Dios es poderoso para renovarnos y restaurarnos; las fuerzas vienen de Él. Nosotros sin Él no podemos, decaemos. Isaías 40:29 dice que Él da fuerzas al cansado, y multiplica las fuerzas al que no tiene ninguna. Mira qué poderoso es nuestro Dios.

He pasado tantos momentos difíciles y tengo tantos testimonios del tiempo que Dios me ha dado de vida cuando me sentía sin fuerzas, lloraba y veía todo oscuro. Sentía que no habría solución y, en medio de la angustia, me recordaba que había un Dios poderoso que era el único que me podía ayudar. Miraba al cielo y decía: «Dios, tú tienes el poder para sacarme de esta situación», y yo sentía cómo Dios me fortalecía y me llenaba de esperanzas. De esta forma, he podido experimentar que el Dios que yo sirvo es poderoso. Tomaba este versículo y decía: «Él da esfuerzo al cansado, y multiplica las fuerzas al que no tiene ningunas». Todo lo que pasamos, Dios lo conoce, y nos da la capacidad para soportarlo. Él tiene el poder de fortalecernos y darnos fuerza en nuestras debilidades. Yo he experimentado que después de pasar momentos difíciles, siempre he podido tener victorias, pero para experimentarlas debemos tener comunicación con nuestro Padre Celestial.

El Señor no se limita para darnos lo que queremos; Él tiene el poder para darnos las fuerzas que necesitamos para seguir adelante, así como le dio fuerzas a José y le dijo que no se intimidara, y que Él no lo dejaría, y fue un gobernador. Pídele a Dios que te dirija. No te quedes callado ante el agotamiento; pídele al Espíritu Santo que te guíe y mantente firme. Eso permitirá que tus fuerzas no decaigan; la oración es la vitamina perfecta para el cansancio espiritual.

Por su parte, hay otros que empeoran nuestro entorno. Tienen una manera de crear un matiz negativo cuando necesitas fortalecerte. Debemos cuidar en quién confiamos. Nuestra confianza debe estar puesta en Dios principalmente.

Cuando te sientas decaído, lee Romanos 15:4.

Cuando te sientas desesperado y triste, ve a la palabra de Dios en Mateo 11:28-30.

Es importante tener un corazón valiente

Y aun el hombre valiente, cuyo corazón sea como corazón de león, desmayará por completo; porque todo Israel sabe que tu padre es hombre valiente, y los que están con él son esforzados.

2 Samuel 17:10

Un corazón valiente es una virtud de los humanos, quienes podemos ser impulsados para ejecutar acciones a pesar del miedo, de las dificultades y del riesgo de sobrepasar nuestras capacidades. Nacimos para cumplir el propósito de Dios en la tierra. No debemos vivir para para temer.

Hemos de aprender a afrontar nuestros miedos. Si tenemos sustento y abrigo, tenemos que estar confiados

Siempre lucharemos con temores, esto gracias a los daños que nos causaron, o a cualquier situación difícil que hemos sufrido en nuestra vida. El peor error es quedarse atrapado en el miedo, que está hecho para ser enfrentado y dominado. No podemos permitir que nos detenga. En mi caminar han llegado temas, luchas y pruebas, pero he conseguido vencerlos y salir adelante.

En esta temporada la gente está pasando por mucho temor, debido a lo que enfrentamos por la COVID-19. El problema es que esta enfermedad tiene un espíritu de miedo. Tienes que mantenerte firme para que este no se apodere de ti. Ten un corazón gallardo que te permita saber cómo enfrentar tus temores.

Cada vez que luchamos contra nuestros miedos, Dios está esperando que seamos fuertes, y al hacerlo, lo honramos. Mucha gente sueña con las recompensas, pero el temor puede impedir que sean vistas.

No podemos dejar que los temores nos dominen. De nada nos sirve decir que Dios está con nosotros y que va a guiar nuestros pasos si seguimos temiendo. Para que no haya miedo debe haber valentía, la cual nace de la concordia. La cobardía nos da la oportunidad de ser valientes.

¿Qué futuro te imaginas para los próximos días, meses y años? Si Dios está en ese porvenir, serás exitoso.

La valentía nace de la certeza de que Dios camina con nosotros para ayudarnos a enfrentar nuestros miedos. El valor otorga perseverancia frente a la adversidad.

Enfócate en la palabra de Dios en Proverbios 28:15.

Entrega a Él tus cargas

Echa sobre Jehová tu carga, y él te sustentará; No dejará para siempre caído al justo.

Salmos 55:22

No deseamos andar intranquilos. De hecho, es lo que menos queremos en la vida. Nadie pretende vivir cargado de preocupaciones; por lo que debemos detectar su origen para entregarlas a Dios. Cuando las inquietudes son extremas, generan intranquilidad, afán y miedos, y pueden causarnos daño. No permitamos llegar a tal punto. Otorguemos las cargas al Señor, pues Él no quiere que vernos en ese estado. Su palabra exhorta a los creyentes a no estar afanosos.

Es fundamental permitir que el Todopoderoso se lleve nuestras preocupaciones. Dios tiene la capacidad de convertirlas en milagros y usarlas para nuestro bien, siempre que confiemos en Él. Isaías 61:3 dice que nos dará gloria en lugar de cenizas. Asimismo, el Salmo 55 sostiene que debemos echar nuestras cargas sobre Jehová. Él es nuestro sustento, no debemos angustiarnos, sino tener confianza, porque el Señor no desampara al justo.

He tenido la oportunidad de hablar con personas aferradas al pasado. No quieren soltarlo porque es el recordatorio de sus defectos y fracasos. Pero no debes hacerlo. Suelta tus cenizas y busca algo nuevo.

Si necesitas una nueva oportunidad, es el momento de búsqueda a Dios. Pídele una segunda o tercera oportunidad.

El Señor está lleno de misericordia y paciencia, su bondad amorosa nunca falla. Él le ha quitado tus transgresiones y no tienes por qué aferrarte a ellas.

Jesús sanó a muchas personas de enfermedades físicas, y no negó la curación a aquellos que buscaban ser curados de otros padecimientos. San Mateo escribe que Cristo sanaba toda clase de enfermedad y dolencia. Él cura a los que están intranquilos.

Muchas personas llevan cargas pesadas y aun así no dejan de sonreír, porque saben en quién están confiando. No permitas que las preocupaciones apaguen tu brillo, mejor entrégaselas a Dios. Puede que a veces desesperemos porque son demasiado pesadas. Cuando la tormenta ruja en nuestra vida, es posible que nos sintamos abandonados. Lo importante es que clamemos como los discípulos durante la tempestad «Maestro, no tienes cuidado, que perecemos». En momentos como estos, debemos recordar su respuesta.

Estudia la palabra de Dios en Marcos 4:37-41.

Cambia las conversaciones que te afectan

Para que lo manifieste como debo hablar. Andad sabiamente para con los de afuera, redimiendo el tiempo. Sea vuestra palabra siempre con gracia, sazonada con sal, para que sepáis cómo debéis responder a cada uno.

Colosenses 4:4-6

Debemos pedirle a Dios que nos guíe en sabiduría y que prepare nuestro corazón para que no nos afecten conversaciones desagradables. Es mejor evitar estar con personas que las usan para dañarnos.

Las palabras agresivas lastiman si estamos débiles espiritualmente; por eso, es necesario estar fuertes en el Señor, para que nada nos haga daño. Y si todavía te afectan las palabras hirientes, pídele a Dios que te haga fuerte porque, si no, hay peligro de que se haga una ofensa. No podemos caminar resentidos por la vida, porque cada día se hará más grande, y el problema es que esto, a su vez, ofende a otras personas. Cuando esto pasa es porque el corazón está dañado y se puede convertir en amargura, y las personas, a menudo, no se han librado de esta y no han podido perdonar. Es necesario evitar caer en ese error; si nosotros somos hijos de Dios y todavía permitimos todo esto, debemos sacudirnos y pedirle cambios a Dios. No podemos servirle así, porque hay que dar un buen testimonio no solo a otros, sino también al Señor. Como verdaderos hijos de Dios, no podemos dejarnos dañar por conversaciones malintencionadas.

Es necesario aprender a cuidar nuestras conversaciones para no deteriorar las relaciones humanas. Reflexiona y piensa que las quejas no solucionan nada. Es importante cambiar nuestra actitud. Cuando nos lamentamos, expresamos insatisfacción. La mejor manera de evitarlo es preguntarle a Dios en nuestro momento de oración «¿Cómo puedo hacer para dejar de quejarme? Ayúdame a llevar esta situación», y Dios ayudará.

Hablar de forma descuidada compromete a tener problemas con los demás.

Para tener conversaciones agradables hay que evitar temas espinosos. Si alguien está hablando cuestiones desagradables, cambia el tópico o ten palabras positivas, llenas de esperanza y alentadoras. Es una manera de enfrentar nuestros días con alegría y tranquilidad.

Las pláticas saludables pueden consolidar amistades y malentendidos, así como animar a los deprimidos, fortalecer la fe y hacerte sentir mejor. No permitas que las conversaciones te afecten ni participes para dañar a otros por medio de expresiones no agradables. Al contrario, sé de bendición dondequiera que andes.

Anímate estudiado la palabra de Dios en Proverbios 10:11-14.

Cuando confías en Dios puedes tener gozo aún en medio del dolor

Jehová es mi fortaleza y mi escudo;
en él confió mi corazón, y fui ayudado,
por lo que se gozó mi corazón.
Con mi cántico le alabaré.
Salmos 28:7

Cuando tenemos un dolor fuerte, ya sea emocional o físico, solo Dios nos puede ayudar y fortalecer. Recuerdo que un 31 de enero del 2003, por la tarde, tuve una llamada muy inesperada y me dieron la noticia de que mi esposo, el padre de mis hijos, había fallecido en un accidente de tránsito. Es un dolor tan grande y difícil de entender; ahí me di cuenta de que Dios es el dueño de nuestra vida; que Él la da, pero también la quita, y no podemos oponernos a su voluntad. Solo me quedaba pedirle que me diera las fuerzas que necesitaba.

En medio del dolor y la aflicción, le decía: «Dios, solo tú me puedes ayudar y sacarme de esta depresión horrible que siento», y Dios escuchó mi súplica y me dio fortaleza. Me sacó de la depresión y me levanté, y vino un pensamiento a mi mente: «Me levanto en el nombre de Jesús» y, después, en medio del dolor, empecé a hacer el papel de madre y de padre. No ha sido fácil, pero cuando confiamos en Jesús, Él nos ayuda a seguir adelante. Es posible que las pruebas y luchas sean muy abrumadoras, pero aun así puedes tener valentía para seguir adelante; no permitas cansarte en medio del dolor ni permitas que tu fe se agote, porque con la fe podemos afrontar cualquier obstáculo y Dios recompensa a los que en Él creemos. Es posible que tú, que estás leyendo este libro, hayas pasado algo similar a este proceso. Si caminas de la mano de Jesús, quiero decirte que Él te sacará adelante y moverá su mano a tu favor, como lo hizo conmigo. Si yo no hubiera confiado en Dios, no habría llegado hasta donde estoy hoy. Dios está contigo, independientemente de lo ardua de tu circunstancia.

Cristo vino a la tierra para darnos una vida llena de esperanza, de propósito, de paz y de gozo. En el ejercicio cristiano también tenemos desafíos; sin embargo, cuando servimos a Dios somos capaces de superarlos con su ayuda y con nuestra fe puesta en Él. Tener nuestros ojos puestos en el Señor y su obra manifestándose en nosotros hace que tengamos goce aun en la tormenta más grande. Lo primero que debemos entender es que la felicidad es un regalo de Dios, y aparece al ser conscientes de su gracia. Con esto en mente, es posible experimentar su gozo en medio del dolor.

Aprende más estudiando la palabra de Dios en Salmos 30:7-8.

Que las excusas no te impidan creer en Sus promesas

Porque las cosas invisibles de él, su eterno poder y deidad, se hacen claramente visibles desde la creación del mundo, siendo entendidas por medio de las cosas hechas, de modo que no tienen excusa.

Romanos 1:20

Al tratar de formar y mantener hábitos, buscamos alguna justificación para conservar las costumbres que deseamos eliminar.

Sin embargo, identificar cuáles son esas excusas permite rechazarlas y tomar acción.

1. Pon a Dios en primer lugar.
2. Toma la decisión de hacer cambios en tu vida.
3. Suelta el miedo para que no te detengas
4. Elimina la incredulidad para que suceda y veas la gloria de Dios en tu vida.

Hay muchas sugerencias más, pues es una cadena: tras una viene otra. No obstante, con las cuatro mencionadas es suficiente para llenar esta página.

Poner a Dios en primer lugar siempre trae recompensas. Es bíblico (Mateo 22:37).

Decir «Amo a Dios por encima de todo lo demás» suena bonito, pero hacerlo es algo totalmente distinto. Cantamos «Te amo más que a mi vida», pero pensándolo bien, ¿de verdad es así?

Es muy importante incluir a Dios en nuestros planes e invitarlo a que sea nuestra guía, y ponerlo en primer lugar en nuestras decisiones y proyectos. De esta forma, podemos ver sus promesas hechas realidad.

Dios siempre está esperando a que nosotros le pidamos dirección, y si nosotros lo amamos, debemos tomar en cuenta que Dios es lo primero en nuestras vidas.

Cuando tomamos nuestras decisiones y proyectos confiando que Él nos va a guiar, debemos permanecer firmes aunque la oposición se presente. No debemos dudar que Él está de nuestro lado.

Desde el momento que decidimos seguir a Cristo, nuestra esperanza debe estar en Dios, pase lo que pase. Podemos caminar sin desanimarnos. Si decides establecer metas, es necesario pedirle dirección a Dios.

También debemos pedirle por los cambios en nuestras vidas, a que nos ayude en las áreas que todavía batallamos. Al Señor le agrada que nosotros hagamos cambios para Él.

Haz lo que vas a hacer sin miedo; debemos soltarlo para ver cosas nuevas y grandes en nuestras vidas.

La manera de eliminar la incredulidad para ver la gloria de Dios es orando y creyendo, con fe en que sucederá, y la incredulidad tendrá que huir porque Dios ha prometido estar con nosotros. Él cumplirá su propósito en nuestra vida; solo confía en sus promesas.

Lee la palabra de Dios en Mateo 7:7-8.

Libera tu mente

Porque al hombre que le agrada,
Dios le da sabiduría, ciencia y gozo; mas
al pecador da el trabajo de recoger y amontonar,
para darlo al que agrada a Dios.
También esto es vanidad y aflicción de espíritu.
Eclesiastés 2:26

Es muy importante cuidar nuestra manera de pensar. Si no cuidamos nuestra mente, es capaz de dominarnos con pensamientos negativos, duda, temor, angustia, soledad, celos y otros malos pensamientos. Debemos pedirle a Dios que libere nuestra mente; al estar sana, esto impide que tengamos los pensamientos mencionados anteriormente. Es fundamental que encomendemos al Señor todas nuestras obras y, de esta forma, nuestros pensamientos se afirmen.

El hecho de que el enemigo te susurre al oído no significa que debas escucharlo. Haz lo que Dios te pide que hagas, aunque sea con temor. Suéltalo con arrepentimiento y tu mente será libre.

El rencor nos retiene y nos deja indefensos, impidiendo que sigamos el camino de Dios como Él quiere que lo hagamos.

Si has estado orando por algo y parece que la respuesta no llega, examina tu corazón para ver si hay falta de perdón, de fe o de entrega de algún área de tu vida a Dios. Algo está deteniendo los resultados. Pídele al Espíritu Santo que saque a luz cualquier rencor escondido, quita de en medio lo que esté paralizando tu fe. Puede ser que Dios te esté probando, a fin de determinar qué tan paciente eres. Ten fe y pronto verás cumplir las cuestiones por las que has estado orando.

Deseamos tener una fe que crezca, es lo que Dios quiere producir en nosotros. El Señor es bondadoso y comprensivo respecto a nuestras situaciones. Nos perdona, nos libera y nos restaura; sin embargo, quiere que sigamos adelante en devoción.

Enfócate en la palabra de Dios en Éxodo 14:13.

Sigue avanzando

Desead, como niños recién nacidos, la leche espiritual no adulterada, para que por ella crezcáis para salvación.

1 Pedro 2:2

Avanzar espiritualmente es grandioso, y esa gratificación se la debemos a Dios, porque solo con su ayuda lo podemos lograr.

Crecer de modo integral implica que has avanzado en conocimiento y te has profundizado en la palabra de Dios; eso significa un verdadero esfuerzo y has tomado la decisión de hacer la diferencia en el avance. Y, para avanzar, es muy importante hacer una evaluación personal y tomar en cuenta cuál área nos detiene para ver el progreso, reconocer nuestros errores y entregárselos a Dios. Es una buena decisión, porque Dios siempre está atento a nuestras súplicas y Él se compadece cuando le pedimos de una manera directa y sincera, y da respuestas, porque a Él le agradan nuestros esfuerzos. Los avances dependen de cada uno de nosotros. Para escribir este libro, yo experimenté que se requiere esfuerzo, tiempo, levantarme muy temprano para avanzar, y se necesita de mucho interés para ver realizado lo que queremos.

Es necesaria la preparación para evolucionar. Y no solo avanzas, también cuando las temporadas malas llegan, estamos fuertes y podemos superar cualquier dificultad

Es importante ser perseverantes y, con este método, podemos tener un avance efectivo.

La oración nos permite seguir adelante. Así, obtendremos madurez integral. Si te propusiste iniciar un proyecto en tu vida, ya sea material o espiritual, no lo abandones hasta ver la victoria. Esto te lleva al éxito; una victoria obtenida amerita esfuerzo, lo cual requiere cambios. Estos conllevan dejar los malos hábitos. Lo mismo sucede en nuestra vida espiritual: para crecer es preciso transformarse. Debemos empeñarnos en nunca ser llevados a la deriva. Orar y leer la Biblia nos ayudará a crecer, porque en la palabra de Dios encontramos toda herramienta necesaria para ello.

Te invito a creer que Dios está de tu lado, que no es tarde para buscarlo y crecer en Él. Hay muchas oportunidades y herramientas disponibles para ti, a fin de que progreses por encima de cualquier obstáculo.

Enfócate en la palabra de Dios en Proverbios 4:18.

No seas desobediente

Cuando tomamos malas decisiones y somos guiados por nuestras emociones, sin la orientación de Dios, es seguro que habrá muchas consecuencias. En diversas ocasiones, Él quiere librarnos de toda clase de peligros advertidos por nuestros padres. Incluso puede usar un vecino o un amigo para salvarnos de la amenaza, porque Él nos ama y pelea por nosotros, a fin de defendernos y de que no vivamos como la corriente del mundo. Es importante librarse de las ataduras, del pecado, de las mentiras de Satanás. Dios quiere quitarnos vendas para que veamos las grandezas que tiene en nuestra tu vida.

Las consecuencias que terminas enfrentando cuando te alejas de Dios son precisamente las que Él quiso evitarte, pero desobedeciste. De modo que la culpa no pertenece al Señor, sino a las malas decisiones que tomaste, basadas en sentimientos y emociones, e insensibles a su dirección.

Para caminar con paz, es necesario pedir la dirección del Todopoderoso y permitir que Dios sea tu guía, y no hacerlo nosotros mismos. Debemos aprender, porque el enemigo te va a presentar buenas ofertas para que desobedezcas, pero al desobediente nunca le irá bien. En Jeremías 18:10, dice: «Pero si hiciere lo malo delante de mis ojos, no oyendo mi voz, me arrepentiré del bien que había de hacerle».

Debemos tener mucho cuidado: tanto nuestra obediencia como nuestra desobediencia marcan nuestras generaciones. No te inclines recordando y trayendo de regreso tu pasado; podría hacerte retroceder. Obedece, no permitas que Dios se arrepienta del bien que tenía contigo. Recuerda que un acto de desobediencia puede marcar tu destino; sé obediente y serás exitoso.

Si tus padres te advirtieron de algo que no estaba bien, es porque fueron guiados por Dios. El pecado no te traerá nada bueno.

Tus padres te advirtieron, porque fueron guiados por Dios, que los vicios y los pecados no traen nada bueno. Hacer lo contrario a su palabra genera muchas consecuencias y dificultades en el camino. Aunque al principio todo parezca perfecto, el final será desastroso. Pero aún no es tarde, Dios puede y quiere perdonarte. Haz nuevos comienzos, no importa tu pasado, Él todavía quiere librarte. Moisés le dijo a su pueblo «Cuidaréis de poner por obra todo mandamiento que yo os ordeno hoy, para que viváis, y seáis multiplicados, y entréis y poseáis la tierra que Jehová prometió con juramento a vuestros padres» (Deuteronomio 8:1).

Es fundamental que seamos obedientes para ser librados de cualquier situación que no sea del agrado de Dios hacia nosotros. La obediencia produce muchos beneficios en nuestras vidas. Escucha el consejo o la voz de Dios para ser libre.

Lee la palabra del Señor en Deuteronomio 5:31-33.

El pecado trae consecuencias

Pero vuestras iniquidades han hecho división entre vosotros y vuestro Dios, y vuestros pecados han hecho ocultar de vosotros su rostro para no oír.

Isaías 59:2

En este versículo de la palabra de Dios, podemos ver cómo la iniquidad crea divisiones y puede hacerlo de varias maneras, y el mismo pecado puede volvernos sordos. Es tan triste pensar todo lo que el pecado hace y cómo te aleja de Dios. Ha destruido al hombre y a la mujer, trayendo desastres familiares, divorcios, separaciones o alejándose totalmente de Dios, tomando tu mente y volviéndote ciego por el pecado.

Debemos tener mucho cuidado para no ser tentados por el enemigo, y ¿cómo evitamos esto? Teniendo temor de Dios y decirle «no» al pecado, y teniendo una buena relación con Dios y dominio propio. Tú y yo, que somos servidores de Cristo, hemos tomado la mejor decisión; pero es cuando más debemos cuidarnos, porque el enemigo querrá intentar, de una forma u otra, distraerte y sacarte del propósito del Señor. Y en el momento de esta distracción, cuando no estás orando o no estás haciendo nada para el reino de Dios, es cuando el enemigo tocará la puerta para que le abras. Por eso, no debemos dar lugar a la distracción; no debes descuidarte, aunque estés haciendo lo correcto. A veces, los servidores de Cristo somos los más tentados por Satanás, aunque nadie es perfecto, porque somos humanos; pero de eso se trata, de buscar cada día más a Dios y aprender a ser mejor, y no permitir que el pecado nos visite.

Tenemos que ser fuertes y valientes, y también quiero decirte que no hay pecado grande ni chico. Para Dios, pecado es pecado. En ocasiones, pensamos que las cosas sencillas no son tomadas en cuenta por Él; una pequeña crítica o una pequeña mentira. Como verdaderos hijos e hijas de Dios, debemos tratar de ser correctos en todas las áreas de nuestra vida. Seamos transparentes y tratemos de mejorar cada día, porque el pecado trae consecuencias severas de las cuales quieres huir, pero, en realidad, el ser desobediente no trae buenos resultados. Hoy quiero decirte que si todavía hay un área en la que fallas a Dios, toma la decisión de decir «no más» a esa área en la que luchas. Dile al Señor que te ayude a vencer, porque es la única manera de poder salir del pecado y, si ya le has fallado a Dios, Él te puede perdonar. Nunca es tarde para empezar de nuevo.

Es necesario detenernos y realizar un resumen sobre lo que no estamos haciendo bien, y tomar la decisión para tratar de mejorar nuestra vida, y ser como Dios quiere que seamos, porque el pecado no solo tendrá consecuencias aquí en la tierra, también para llegar al cielo, al no cumplir los mandamientos que Dios nos dejó. Si no lo hacemos, nos lamentaremos, porque Dios quiere que seamos rectos y que cumplamos con lo que Él dejó escrito en su palabra en Santiago 4:17, que dice: «Y al que sabe hacer lo bueno y no lo hace, le es pecado».

Aquí unos ejemplos para analizar:

Todavía hay envidia en tu corazón.

Todavía hay, de vez en cuando, una pequeña mentira.

Todavía sigues siendo juez de tu prójimo.

Todavía no puedes amar a tu prójimo.

Todavía no quieres reconocer tus errores.

Y hay más que puedo escribir, porque pecados hay muchos. A Dios le gusta que seamos fuertes y valientes, y que reconozcamos nuestros errores. Todavía hay tiempo para corregir tu manera de vivir.

No peques más.

Lee la palabra de Dios en Romanos 5:12.

Desacomodarse para crecer

Antes bien, creced en la gracia y el conocimiento de nuestro Señor y Salvador Jesucristo. A él sea gloria ahora y hasta el día de la eternidad. Amén.

2 Pedro 3:18

Los afanes y los obstáculos de esta vida suelen impedirnos crecer, por lo que es necesario hacer un esfuerzo.

El desarrollo espiritual ocurre como resultado de la ayuda de Dios. La faena del creyente —lo más importante que uno puede hacer—, es leer las escrituras y orar.

Todos los cristianos debemos tener como hábito leer la Biblia a diario. De lo contrario, el pensamiento se verá estancado por falta de alimento espiritual. Es importante hacer todo lo posible por tener hambre de Su palabra. Ningún creyente debe dejar de leer las sagradas escrituras, de la misma manera que ningún humano debe dejar de comer.

Estoy segura de que este título te ayudará si estás muy cómodo, lo cual se siente muy bien. Sin embargo, la comodidad implica estancamiento espiritual. Nos gusta elegir los mejores asientos o una cama muy confortable; dormir ocho horas sin parar; comer sabroso, sin interrumpir los horarios de las comidas; descansar... Todo es muy bueno, pero ¿qué tal si en medio de tus ocho horas de sueño te despiertas para orar una hora?, por lo menos para crecer. ¿Y qué tal si en medio de ese descanso tan confortable, te desacomodas para leer la Biblia, orar, visitar un enfermo o ayudar a alguien que esté necesitando una palabra? Otra forma de desacomodarse es ayunar, lo cual requiere interrumpir los horarios nutricionales estrictos, así como dejar de comer rico durante ese periodo.

También hay comodidad en no participar en los eventos de la iglesia. El compromiso desacomoda, pero es necesario para crecer y para ser de bendición a otros necesitados. Es fundamental salir de la zona de confort para ser personas distintas, con anhelo de servir tanto en la iglesia como afuera, marcando la diferencia con nuestro testimonio.

La realidad es que pocas personas hacen esfuerzos por tener mutaciones desde adentro hacia afuera, aunque la mejora es evidente en ellas. El cambio externo es difícil, pero la verdadera transformación interna, con grandes logros y cambios, es una bendición, pues deja ver buenos resultados en nuestro caminar para el Señor.

Dios nos ha capacitado para grandes cosas, lo cual amerita estar desacomodado. Así verás el potencial que Dios tiene para tu vida.

Te invito a leer 1 Corintios 3:6-8.

No te desanimes

Esforzaos y animaos; no temáis ni tengáis miedo del rey de Asiria, ni de toda la multitud que con él viene; porque más hay con nosotros que con él. Con él está el brazo de carne, mas con nosotros está Jehová nuestro Dios para ayudarnos y pelear nuestras batallas. Y el pueblo tuvo confianza en las palabras de Ezequías rey de Judá.

2 Crónicas 32:7-8

Es necesario estar tomados de la mano de Dios para que el desánimo no tome ventaja. Muchas veces, el proceso es muy fuerte, pero yo quiero decirte que por difícil que sea, confíes y no te desanimes. El Señor te dará la victoria, porque si tú caminas confiando en Él, nada te podrá detener. Aunque hayas pasado por muchas dificultades, aunque hayas llorado, aunque te haya dolido mucho, aunque la tristeza haya sido demasiada. El Dios al que sirvo es uno poderoso y lleno de amor; Él sana heridas, sana enfermedades, abre puertas que parecen ser muy difíciles de abrir. Después de haber pasado la tormenta, mirarás la mano de Dios a tu favor y eso hará que crezcas y no te desanimes por nada, porque Dios cambia todas las cosas para bien. No pierdas la esperanza, no pierdas la fe, porque el desánimo no va a poder contigo. A través de aquello que experimentaste, podrás ver muchas victorias. No te desanimes; grandes seguidores de la Biblia también decaían, pero Dios siempre les daba la victoria.

Si te das cuenta, aunque David era muy valiente, él buscó refugio en la cueva de Adulam cuando huía de Saúl, y esto lo puedes encontrar en 1 de Samuel, capítulo 22; pero en el salmo 57, podemos darnos cuenta de que Jehová fortaleció a David en la cueva y él tuvo la victoria. Él era un escogido de Dios, ganador de batallas. En ocasiones, nos podemos desanimar, y quizás cuando estés orando y sientas el respaldo, no veas respuesta, y debido a eso el desánimo se hace más fuerte. Yo quiero decirte que el Señor, a veces, nos prueba; no significa que no te escuche. Él siempre te respaldará y te escuchará. Nosotros, como hijos de Dios, tenemos que madurar y confiar en el Todopoderoso y sacudirnos del desánimo, porque este no te dejará prosperar. Él siempre es bueno.

Si el desánimo entró por problemas, resuélvelos con la ayuda de Dios.

Si el desánimo entró por tu matrimonio, ora y pide dirección a Dios.

Si el desánimo entró por problemas familiares, Dios puede ser tu ayuda en medio de ellos.

Si el desánimo entró por finanzas, Dios te puede resolver esa situación.

Si el desánimo entra por la pérdida de un ser querido, Dios te fortalecerá.

Dios sigue siendo bueno y Él es capaz de ayudarte en todas las áreas que necesitas. Él está interesado en darte ayuda, sea lo que sea que estés pasando. Y no solo eso; aquí, en la tierra, Él tiene tanto cuidado con nosotros a través de la salvación eterna que nos da. Por eso, no debemos preocuparnos; mientras seamos sus seguidores, siéntete privilegiado de ser hijo de Dios. En vez de sentirte abatido, anímate en el Señor porque con Él estamos seguros de que todo estará bien. Dios extenderá su mano a tu favor y todo saldrá bien; renuncia al desánimo orando y creyendo que Dios lo hará.

Lee la palabra de Dios en Salmos 64.

No es necesario mentir

Porque:
el que quiere amar la vida
y ver días buenos,
refrene su lengua de mal,
y sus labios no hablen engaño;
apártese del mal y haga el bien;
busque la paz, y sígala.
1 Pedro 3:10-11

Qué importante es que nuestros labios no hablen engaño; caminar en integridad es lo mejor que podemos hacer como hijos de Dios. Tenemos que ser ejemplo para los demás, que no sea necesario que pronuncies quién eres. Es mejor que nuestro testimonio hable por nosotros mismos, demostrando nuestros frutos. Quiero decirte que la perfección es imposible; si alguien dice que es perfecto, miente. Como hijos e hijas de Dios, debemos tratar de mejorar y cambiar áreas que nosotros mismos sabemos que aún nos afectan en nuestro diario vivir, para ser aún mejores cada día. A Dios no le agrada la mentira, como podemos ver en Éxodo 20:16; nos dice que no debemos hablar falso testimonio contra nuestro prójimo.

Es tan importante ser transparentes en nuestro caminar y ser correctos ante el Señor; en Proverbios 12:22, dice que «los labios mentirosos son abominación», es decir, que el Señor rechaza al mentiroso, y qué triste es ser rechazado por Dios. Y dice que «los que hablan la verdad somos su contentamiento».

Si no mentimos, somos alegría para el Señor. Quiero decirte que la mentira puede tratarse, y tú pensarás: «¿Cómo?». Pidiéndole a Dios que te cambie y te libere del espíritu de la mentira, porque el mentir es un mal espíritu y esto, a veces, viene de raíces generacionales. Para que sea cortada, hay que cancelar ese espíritu generacional de la familia. Al no hacerlo, seguirá en más generaciones, o la gente se acostumbrará a este mal hábito de andar mintiendo sin necesidad, mintiendo desde niños, sin corrección de sus padres, y crecen practicando la mentira, la cual no es agradable a Dios. Hay que romper con esta y no dejarnos llevar por Satanás. No es necesario; el Señor Jesús nos puede hacer libres de la mentira.

Lee la palabra de Dios en Salmos 120.

El mentiroso no calcula bien y piensa que no será descubierto, pero tarde o temprano la verdad saldrá a la luz, sin excepción.

Aquellos que mienten no tienen el respaldo de Dios, por lo que abren las puertas al enemigo, quien siempre está listo para robar, matar y destruir. En cambio, los que son guiados por el espíritu de la verdad viven bajo la protección del Altísimo, el cual es fiel y amante de los que le aman en espíritu y en verdad.

Estudia la palabra de Dios. Te invito a leer todo el capítulo de Proverbios 12.

Corre por tus sueños

Encomienda a Jehová tus obras,
Y tus pensamientos serán afirmados.
Proverbios 16:3

Lo importante es encomendar a Dios nuestros planes, ideas y pensamientos. Poner a Dios en primer lugar antes de tomar una decisión trae buenos resultados porque estamos siendo direccionados por nuestro Señor. Es importante tener sueños, pero toma la decisión de cumplirlos; no solo tengas la idea, ¡corre por ellos! Los sueños, tanto espirituales como materiales, son buenos y de suma importancia. Al tomar la decisión de querer cumplir metas, debes tomar la decisión de no rendirte para conseguir lo que te propones. Cuando amamos a Dios y queremos crecer espiritualmente, no nos cansamos de soñar hasta alcanzar lo que queremos. Si sueñas servir en un ministerio, cantar en la alabanza, orar por personas y hasta predicar, aquí hay algunos ejemplos para nuestro crecimiento:

orar,
ayunar,
ser obediente,
obedecer el reglamento de nuestros líderes,
ser humilde,
tener un corazón decidido a servir,
ser persistente,
prepararse para poder lidiar con todo tipo de críticas.

Necesitamos mantenernos conectados con Dios todos los días. Tendrás la experiencia de tu crecimiento espiritual y la resistencia para seguir adelante. Habrá momentos en que no sabrás cómo hacer para seguir, pero tienes que confiar en Dios y serás dirigido por Él, y verás tus sueños hechos realidad. Y esto te llevará a otra dimensión de crecimiento espiritual, lo que permitirá caminar confiado, porque sabes que el Dios que sirves es poderoso. Cumple tus promesas, porque Él sabe cómo has luchado por tus sueños y a Él le gusta que nos pongamos metas o retos para poder alcanzar lo que queremos; pero, para eso, tenemos que sacar nuestra mejor esencia durante ese proceso. Esto es necesario para ver esos sueños hechos realidad.

Me gusta hablar de metas o sueños porque yo he sido una soñadora, y las metas que me he propuesto se han cumplido de forma espiritual y material. Me he esforzado, he sido persistente y no me he dado por vencida ante la adversidad, y la posición positiva ejerce influencia para ser perseverante. Así que no te canses; corre por tu sueños, corre por tu salvación.

Cuando tomas la decisión de correr por tus sueños, es posible que en el transcurso del camino quieran llegar pensamientos de confusión, y dudar si irá a funcionar o no. Yo quiero decirte que si corres por tus sueños, dirigido por Dios, cosas buenas sucederán.

No permitas desanimarte.

No te frustres.

No te canses.

Haz oración y reflexión en la palabra de Dios; de esta manera, tus energías serán regeneradas y tendrás resistencia moral y espiritual.

Lee Proverbios 16:9.

No te apresures

Mirad, pues, con diligencia cómo andéis,
no como necios sino como sabios,
aprovechando bien el tiempo, porque los
días son malos.
Efesios 5:15-16

Bajar la velocidad te permite ver con más calma las situaciones a tu alrededor.

Si estás sirviendo en algún ministerio, corriendo demasiado sin orar ni alimentarte, te vas a cansar y no encontrarás la solución. Es mejor reducir la velocidad y decirle a Dios «Me siento desesperado, cansado, frustrado y ansioso. Necesito tu paz, tu sabiduría y guía». Así verás el poder del Señor en tu vida, sucederán cambios y podrás servir con paz.

Es necesario que tomes un tiempo para analizar qué cambios puedes hacer en tu vida, y pedirle a Dios que te ayude. No permitas que tus emociones o exceso de estrés te apresuren y no te dejen hacer las cosas con calma. A Dios le gusta que caminemos en seguridad y con paz. En Juan 16:33, puedes encontrar que Jesús sabía que en este mundo íbamos a tener aflicciones, pero Él dice que confiemos y que tengamos paz. Aquí tenemos una herramienta para caminar en seguridad; caminar con paz es una manera de encontrar el camino para servir a Dios con excelencia. Dios, en su infinito amor, nos da lo que le pedimos.

Dios sana la ansiedad.

Dios quita el cansancio.

Dios quita la preocupación.

Dios sana el estrés.

Dios sana la enfermedad.

Dios quita la desesperación.

Dios quita la tristeza.

Dios sana la amargura.

Toma unos minutos para darle gracias a tu Padre Celestial por todo lo que Él hace en tu vida.

Lee la palabra de Dios en Salmos 73:27-28.

Cuida tus pensamientos

Bienaventurado el hombre que halla sabiduría,
y que tiene la inteligencia.
Proverbios 3:13

Mientras estemos en esta tierra, las dudas y pensamientos negativos siempre van a llegar, de manera que podemos tener una mente saludable si tenemos una relación con Dios. Así, no solo tu mente estará saludable, sino todo tu cuerpo, porque detrás de los pensamientos negativos viene el temor y nos debilita por completo. Por eso, es necesario pedir a Dios sabiduría y cobertura para cuidar nuestros pensamientos.

El enemigo va a querer generar pensamientos negativos, pero nosotros tenemos el poder para de combatirlos con ideas positivas. A veces dejamos de hacer cosas que Dios pone delante de nosotros porque nos da miedo y nos paralizamos.

Sin embargo, el Señor nos ha llamado a tener victoria sobre nuestros pensamientos.

Las ideas negativas causan disturbio en la comunicación con Dios. Tienes que meditar y anclarte a tu forma de pensar. Si tu meditación está en la grandeza del Señor, tu pensamiento va a ser diferente. Sácala de los problemas y confía en el Todopoderoso, porque la única manera de que veas su gloria es sanándola. Tu cabeza puede estar contaminada con muchos factores y obstáculos que te impiden ver la gloria de Dios. Algunos de estos son el odio, la falta de amor, el rencor, la amargura, los celos, las mentiras, los sentimientos negativos, la ira, la envidia, el orgullo, la arrogancia, el egoísmo, la tristeza, el rechazo y la crítica. Si batallas con alguno de estos, te resultará imposible tener una mente sana. Debes tomar la decisión de limpiarla y exaltarla a Dios, no los problemas; así alcanzarás la sanidad. Las tempestades opacan la vista, pero el Dios al que sirvo es más grande que cualquier obstáculo. Una mente sana se mide por capacidad de amar y perdonar al estilo del Señor.

Asimismo, por la capacidad y calidad de servicio dondequiera que esté.

Una mente sana se alegra por el éxito de los demás.

Una mente sana se despoja de todo.

Una mente sana tiene la capacidad de ayudar y verse en otros.

Dios te está esperando, Él sana nuestras mentes. Él aguarda que le entregues el área que te está afectando e impidiéndote ver con claridad. El Señor es poderoso y es un Dios de cambios, solo depende de nosotros aceptarlos. Corre por tu transformación, Dios te está esperando.

Te invito a leer Filipenses 2:5-9.

Perdona, así como Dios perdonó

Soportándoos unos a otros, y perdonándoos unos a otros si alguno tuviere queja contra otro. De la manera que Cristo os perdonó, así también hacedlo vosotros.
Colosenses 3:13

Jesús es nuestro gran ejemplo a seguir. Él no tenía pecado, perdonó desde la cruz y en este verso bíblico nos demanda que si tenemos algo contra otros, perdonemos de la manera en que Él lo hizo. Al hacerlo, vamos a tener paz interior.

¿Quién dice que es fácil? Un hecho vivido como traición, crítica o infidelidad es dolor por la confianza perdida. Perdonar es un proceso, requiere hacer el esfuerzo de soltar y reconciliarse de nuevo consigo mismo o con alguien más. Es de ayuda.

Podemos recibir el perdón de Dios confiando en Él y en que no está enojado con nosotros; al contrario, nos ama tanto que dio su vida por nosotros. De esa misma forma podemos perdonar a los demás y no guardarles rencor. La ira diluye el gozo con rapidez. Es imposible estar amargado y ser mejor al mismo tiempo.

¿Qué sucede cuando el rencor no te permite disfrutar?

¿Cómo se siente cuando no puedes perdonar? Hacerlo es una decisión, y no es sencillo. A menudo uno se pone trabas para dejar ir el rencor y el resentimiento, lo cual hace vivir amargado en el pasado.

Perdonar la ofensa es soltar lo que te dañaba, es razonar y querer ser mejor para Dios y humillarte ante Él. Tiempo atrás, yo batallaba en esta área, y creo que muchos batallaron o lo hacen como me paso a mí; yo perdonaba, pero cuando miraba a la persona que había perdonado, aún sentía algo, me sentía incómoda. Y cuando esto pasa, es porque todavía no hemos soltado desde la raíz. Pero agradezco a Dios por haberme ayudado en esta área, porque hoy soy totalmente diferente. Puedo perdonar sin dificultad, y ¿sabes por qué? Porque amo a Dios y decidí ser diferente.

Cuando no se nos dificulta perdonar, es porque Dios está haciendo algo en nuestras vidas. En Isaías 43:25 dice que Él es el que borra nuestras rebeliones por amor a nosotros, porque Él nos perdona y nunca más recuerda nuestros pecados. Una palabra poderosa para ponerla en obra; por eso es tan importante soltar la ofensa.

Si se te dificulta perdonar, pídele a Dios que te ayude y toma la decisión de hacer cambios en tu vida. Al hacerlo, testificamos lo que Dios hace en nuestra vida y podemos caminar en completa paz.

Lee la palabra de Dios en San Mateo 18:21-22.

Sé agradecido

Así que, recibiendo nosotros en un reino inconmovible, tengamos gratitud, y mediante ella sirvamos a Dios agradándole con temor y perseverancia.

Hebreos 12:28

A Dios le agrada que seamos agradecidos. Si lees este verso, dice que tengamos gratitud, y hay muchos motivos para dar gracias a Dios. Yo, personalmente, tengo muchas razones para darle gracias: por cuantas veces me ha librado de tanto peligro, y por todo lo que me ha dado; por mis hijos y mi hija. También agradecida de donde me sacó; doy gracias también por mis victorias, aunque muchas veces me he equivocado, pero por su infinito amor, he aprendido y he seguido adelante.

Aquí hay una pequeña lista de cosas por las que puedes agradecer.

- Por la vida que te ha dado;
- por tu familia;
- por la salud;
- por un techo, aun por tu almohada;
- por las luchas y pruebas;
- por las amistades en tu vida;
- por los dones y talentos;
- por su palabra;
- por todas las bendiciones obtenidas;
- por su amor incondicional;
- por tu trabajo.

Estos son algunos ejemplos; hay mucho más por lo que agradecer al Señor. Tenemos que dar gracias por quién es Dios. Si en algún momento le has pedido un milagro y Él te lo ha dado, agradece y no permitas que se te olvide.

La gratitud tiene muchos beneficios, porque propicia vivir en paz. Podríamos entenderla como una filosofía de vida en la que agradecemos las experiencias y a las personas, dando valor a lo que hay en nuestra cotidianidad.

El problema es que le damos más poder a nuestro sesgo de negatividad, el cual suele proporcionarnos momentos de estrés, de ansiedad y de angustia, volviéndose un malestar. Olvidamos agradecer a Dios por todo lo que nos ha dado. El hecho de que nos otorgue un día más es una bendición.

No hay lado negativo para la gratitud, es una de las actitudes más saludables y llenas de gozo que se pueden tener. Entonces, ¿qué esperas para agradecer? El mejor momento para hacerlo es ahora mismo.

Profundiza en la palabra de Dios en Hebreos 12:28.

Aprende a amar a tu prójimo

El que ama a su hermano, permanece en la luz, y en él no hay tropiezo.
1 Juan 2: 10

Todos tenemos diferentes personalidades, y nosotros, como hijos de Dios, debemos amar al prójimo aunque tengamos un carácter distinto; al hacerlo, estamos cumpliendo y obedeciendo los mandamientos del Señor Jesucristo. Si te das cuenta, en el verso que aparece al principio dice que para que no tengamos tropiezos y para permanecer en la luz, tenemos que amar a nuestros hermanos.

¿Cómo reaccionar ante las personas difíciles o poco amables? Con amor.

Mantén la calma, y escúchala. No juzgues.

Hay otro factor, como las circunstancias: ¿cómo fue la niñez de esta persona? Se supone que sufrir la pérdida de alguien o padecer de trastornos de ansiedad puede irritar a las personas, convirtiéndolas en difíciles, tristes y amargadas.

Como hijos de Dios, si se nos dificulta amar al prójimo, es necesario pedirle en oración, de todo corazón, que nos ayude a amar hasta ver resultados. Cuando veamos y sintamos que Dios obró, experimentaremos ese deseo de ayudarles a crecer o alegrarnos en sus avances. Y pide al Señor por ellos, aunque no conozcas sus necesidades. Es lo que le agrada a Dios.

Lidiar con estas personas es inevitable. Al hacerlo, es fácil responder de la misma manera. Eso solo saca a la luz lo peor de nosotros. Es mucho mejor permitir que nuestras relaciones con gente difícil reflejen el fruto del Espíritu Santo: «Mas el fruto del Espíritu es amor, gozo, paz, paciencia, benignidad, bondad, fe, mansedumbre, templanza; contra tales cosas no hay ley» (Gálatas 5:22-23).

Debemos cuidarnos de no convertirnos nosotros mismos en este tipo de sujetos.

Por otra parte, y aunque parezca complejo, tratar con las personas que siempre llevan la contraria tiene cosas buenas. Puede fortalecer tu carácter. Toparte siempre con una persona negativa te enseña a ser más creativo en las respuestas. Además, aprenderás a no tomarte las cosas personales. Trabajar la paciencia es una posible forma de hacerles cambiar de parecer, quejarse menos y evitar los conflictos.

Cuando tomes el tiempo para orar por personas difíciles, entrégalas a Dios y confía en que Él hará la obra de sanidad en sus corazones.

Profundízate en la palabra de Dios a través de San Marcos 12:31.

Que la crítica no te detenga

Ni murmuréis, como algunos de ellos murmuraron, y perecieron por el destructor.
1 Corintios 10:10

La palabra de Dios nos dice claramente que no murmuremos. Este principio aplica a cada aspecto de nuestras vidas, incluyendo cómo tratamos a los demás. Nuestras actitudes y palabras son semillas que sembramos.

En algún momento de la vida, todos nos enfrentamos a las críticas, pero es posible aprender a hacerles frente y no dejar que nos afecten.

Desde que era niña, me di cuenta de que siempre me criticaban y me afectaba mucho, y al crecer seguía escuchando críticas sobre mi persona. Crecí con un complejo, con temor a lo próximo que iban a decir de mí; me frustraba y me daba mucha tristeza. Ten mucho cuidado cuando vas a criticar a alguien; no sabes el daño que provocas en el corazón de las personas. Yo, finalmente, he puesto las críticas en las manos de Dios, que es lo mejor que podemos hacer. Le he pedido que sane mi corazón y Dios me ha ayudado. He experimentado que cuando escucho críticas, esto me pone triste por un corto tiempo aunque trato de evitarlo, pero soy humana, y corro y le digo a Dios: «Aquí está esta tristeza y esta crítica», y puedo experimentar esa paz que Él me da. Tenemos que florecer como Pablo; él siempre floreció en medio de la dificultad.

Cuando criticas lo que otro creyente está haciendo con fe y convicción sincera, interfieres en los asuntos de Dios.

Ten cuidado, Satanás va a aprovecharse de tu cansancio o de la costumbre de juzgar que no has querido soltar. La Biblia habla mucho de este comportamiento, diciéndonos que debemos cambiar esa actitud por las palabras de ánimo y apoyo.

Aunque no hagas todo bien, Dios ve tu corazón. Si intentas vivir y hacer lo mejor para Él, el Señor se complacerá. No te preocupes por las críticas de los demás, Dios te ama. Su amor y su aprobación es todo lo que se necesita.

Los juicios y las aprobaciones del hombre vienen y van. Construye tu vida sobre una relación con Dios y no sobre las opiniones de los demás.

Sé positivo y no te confundas por las críticas; al contrario, sigue adelante. Dios te ayudará y te hará más fuerte.

Lee la palabra de Dios en San Marcos 12:31.

No te permitas cansarte

Porque satisfaré al alma cansada, y saciaré a toda alma entristecida.
Jeremías 31:25

Por medio de la palabra de Dios nos damos cuenta de que el cansancio acumulado también tiene efectos en nuestra vida espiritual.

No permitas estresarte al extremo. Al hacerlo, las personas gritan, ofenden, quieren saber y destruyen más de lo que construyen. La forma de reconocer el estrés es aceptándolo. Uno puede ser hijo de Dios y saber mucho de la palabra, pero eso no es una exención. Es posible caminar en la gracia y aun así tener momentos de debilidad. Aceptar el estrés o la dificultad no es debilidad ni falta de fe, sino ser un humano. Pablo dice que la fortaleza del alma está en reconocer las debilidades. Si no lo haces, no puedes volverte fuerte. No saber manejar el estrés perpetua los problemas. Estamos viviendo tiempos de ansiedad excesiva. No te permitas cansarte ni sentirte presionado. Haz una pausa, sé atendido por el Espíritu Santo. A veces queremos que Dios cuide de nosotros, pero no le entregamos las cargas.

El estrés tiene que salir de adentro hacia afuera. Entrega ese exceso de carga. Dios cuida de nosotros. La ansiedad se va cuando la entregas al Señor.

Acuérdate de que el Creador te diseñó con un propósito.

Medita la palabra de Dios en Mateo 11:28.

Déjate ser atendido por Dios

La congoja en el corazón del hombre lo abate; Mas la buena palabra lo alegra.
Proverbios 12:25

Dios siempre está esperando por nosotros para atendernos. Él conoce todas nuestras necesidades y tenemos la oportunidad de buscarlo y encontrarlo. Para ser atendidos por Dios, nuestra oración debe hacerse con confianza y compromiso de gratitud. El Señor está cerca cuando lo buscamos y lo invocamos

Los hijos del Todopoderoso debemos atendernos por Dios, no solo distraernos. La distracción consume nuestro tiempo. Aunque no es mala, tampoco es suficiente para eliminar el exceso de estrés. Para ello se necesita búsqueda y entrega de cargas a Dios. Hay que invocar su atención en medio del dolor y de la dificultad. Los hijos del Señor hemos de entendernos con Él. Quien no lo haga, no logrará ver las respuestas que desea.

¿Qué sientes cuando adoras a Dios? Él te ama, cuida de ti y está listo para escucharte.

Son múltiples y muy variados los motivos del cansancio. El constante agotamiento físico, sin el apoyo del Espíritu Santo, desgasta y detiene la relación con Dios, apagando la vida espiritual. Es por tal motivo que actualmente hay tanta gente cansada. Sucede cuando no hay confianza plena en Dios. Es fundamental humillarse para pedirle ayuda al Maestro, entregándole las dificultades cotidianas. Todos debemos conocer la necesidad de nuestro corazón. Estar con Dios nos hace sensibles.

La gente intenta distraerse para aliviar la carga, pensando que la muerte es la única solución para dejar de sentir el dolor que está viviendo. Pero no es así. El estrés excesivo se puede convertir en fuente de destrucción. Entregar todo a Dios ayuda a liberar las penas. Puedes experimentar paz en la presencia de Dios, eliminando la angustia y el dolor. El problema persiste, pero Dios te dispensará de él, porque se lo entregaste.

Déjate ser atendido por Dios. Ve y dile «Aquí está todo».

Tendrás éxito en tu vida.

Enfócate en la palabra de Dios en Hechos 27.

Todo obrará para bien

Y sabemos que los que aman a Dios,
todas las cosas les ayudan a bien, esto es,
a los que conforme a su propósito son llamados.
Romanos 8:28

Dios es nuestra máxima autoridad, y Satanás no puede hacer nada si Él no lo permite. Si lo hace, es con un propósito. El Señor atravesará con nosotros lo que estemos viviendo. Saldremos victoriosos. En 1 Pedro 4:12 dice: «Amados, no os sorprendáis del fuego de prueba que os ha sobrevenido, como si alguna cosa extraña os aconteciese».

Cuando te sientas desanimado por distintas dificultades y pienses que no hay salida, no te preocupes, porque vas a salir de esto y todo obrará para bien. Aunque veas tus días oscuros, sigue confiando, porque Dios es poderoso y de propósitos, y Él es capaz de sacarnos de cualquier situación. Él no te va a dejar ahí donde estás; cuando no encuentres la salida, pídele al Señor que aumente tu fe y cambie tu manera de pensar, y que esos pensamientos negativos se conviertan en positivos para verlo obrar. Nosotros, como hijos de Dios, debemos aprender a confiar y a superar cualquier dificultad. En la palabra de Dios, dijo: «Yo estaré contigo». No es quién somos, es con quién caminamos, y decidir ser fuertes es lo mejor que podemos hacer y dejar atrás lo que no nos deja avanzar, porque los desafíos se tienen que afrontar con la fe en Dios.

La fe en Dios nos ayudará a vencer cualquier dificultad; nunca te acomodes ni te distraigas ante las adversidades, porque se te hará aún más difícil salir de allí. Como seguidores de Cristo, debemos ser fuertes y valientes, y todo obrará para bien.

De manera que más allá de cuál sea la situación que estás atravesando, el Señor nunca la hubiese permitido si no fuera para encaminarte al destino que ya está establecido para ti.

Dios te expone a situaciones que miden tu madurez cada vez va a ascender tu nivel. Como lo hace el alfarero con el barro, el Señor te da forma para que no actúes por impulsos, para que controles lo que te incomoda y tu carácter sea formado antes de pasar desde el punto donde te encuentras hasta el que Dios quiere llevarte. Es a través de la exposición a situaciones difíciles e incómodas que tu progreso será expuesto. Así que cuando vuelvas a estar bajo presión, recuerda que ese es el escenario preparado por el Señor para dar lugar a tu exhibición. Entonces entenderás que todo obra para bien. No te canses, sigue caminando.

Enfócate en la palabra de Dios en Romanos 8:28-30.

No importa que te ofendan

El perverso de corazón nunca hallará el bien, y el que revuelve con su lengua caerá en el mal.

Proverbios 17:20

Tenemos que saber que dondequiera que andemos, habrá personas que pretenderán criticarnos u ofendernos, pero eso no importa. Siempre debemos llevar nuestro testimonio para edificar nuestra fe. Jesucristo es nuestro ejemplo, su vida fue un legado de amor. Hemos de seguir la enseñanza de nuestro Señor, sin sentirnos intimidados ni obligados a guardar silencio o a cambiar nuestro mensaje solo porque nos ofendan cuando digamos la verdad.

Manejar una ofensa no es fácil, pero si vas de la mano con el Maestro, claro que resistirás. La ofensa es tan prejuiciosa que es capaz de retirarnos de Dios y de las personas; cambia nuestra manera de ser y puede convertirnos en personas agresivas y amargadas, o hacernos sentir humillados, avergonzados. Si no tenemos cuidado, puede arruinar nuestro futuro. Si decides quedarte sin hacer nada, la ofensa siempre estará ahí, y puedes llegar al punto de perder amistades y familiares. Pero, si nosotros oramos y permitimos que nuestro corazón se sane de la ofensa, Dios lo hace posible, y debemos perdonar al que nos ofendió para vivir una vida en paz.

Jesús nos dejó un gran ejemplo, y solo siendo humildes como Él lograremos soltar la ofensa. Tú puedes pasar por encima de la ofensa y salir adelante, y no permitir que esta te paralice. Ser humildes nos hace fuertes sin poder imaginar hasta dónde podemos llegar. Si aún no has podido superar la ofensa, ya es tiempo de que decidas soltarla; perdona y pon todo en las manos del Señor. Las personas no se dan cuenta de que tales expresiones son las causantes de su continua pobreza espiritual y de la ruina que muchas veces padecen.

A partir de hoy, decide tener boca de sabio. Cada vez que vayas a emitir una palabra, piensa bien lo que vas a decir. Considera si tiene sentido o si le servirá de edificación a los oyentes luego de que la hayas pronunciado.

Podemos herir o sanar; edificar o destruir; aumentar o disminuir la fe de alguien; hacer reír o hacer llorar; fortalecer, tumbar o levantar, y podemos debilitar, entre muchas cosas más. Ten mucho cuidado.

Una persona madura espiritualmente es capaz de dominar su lengua y a sí misma.

Enfócate en la palabra de Dios en Proverbios 17:22-28.

Sacrifícate

Y andad en amor, como también Cristo nos amó, y se entregó a sí mismo por nosotros, ofrenda y sacrificio a Dios en olor fragante.
Efesios 5:2

Colocar a Dios en primer lugar activa nuestro propósito de vida, ayudándonos a servir en excelencia y a cumplir con el llamado. Y para todo se requiere sacrificio. Estar decididos a sacrificarnos para seguir a Jesús implica amar a Dios sobre todas las cosas, privarnos por nuestra familia y por llevar el evangelio a toda criatura. Hay mucha gente necesitada deseando una palabra de ánimo. Sacrifícate, ama a tu prójimo aunque te cueste y tengas que ayunar. Hazlo también si sientes que no amas a alguien, orando hasta que puedas hacerlo. Ayuda a otros a crecer. Cuando nos sacrificamos de esta manera, estamos siendo verdaderos discípulos de Jesús.

Todas las cosas que vale la pena llevar a cabo requieren paciencia y perseverancia. Ningún artista canta perfecto en sus inicios y los atletas, por lo general, no ganan la primera vez que compiten.

Existen muchos momentos desalentadores entre la experiencia inicial y el perfeccionamiento de una habilidad.

Pero el sacrificio tendrá recompensa si caminas con amor y seguridad. Lamentablemente, mucho potencial se desperdicia en el altar del desaliento. Solo a través de la práctica y la disciplina el cantante se afinará y el atleta ganará la competencia. Ellos van más allá de sus momentos de desmotivación para pulir sus capacidades.

Necesitas esa misma actitud para alcanzar el nivel máximo, aquello que llevas dentro. Dios nunca te dará un sueño sin estar seguro de que tienes el talento, las habilidades y la personalidad para realizarlo. Las órdenes que te ha dado demandan ejercitar lo que Él puso dentro de ti antes de tu nacimiento.

Siempre que te propongas hacer algo, decide no detenerte ante nada. Sofoca el desaliento con una doble dosis de enfoque, persistencia y esfuerzo. ¿Qué te impide cumplir tus sueños? Sacrificarte para el crecimiento espiritual vale la pena. No tienes nada que perder, no es tiempo desperdiciado; al contrario, es la mejor forma de invertirlo. El amor sacrificial implica permitir que Dios nos transforme en privaciones que le agraden.

Enfócate en la palabra de Dios en Hebreos 13:15-17.

Confía en Dios y ten paz

El temor del hombre pondrá lazo; Mas el que confía en Jehová será exaltado.
Proverbios 29:25

Confiar en el Señor genera paz, la cual es un fruto del Espíritu Santo. La relación que tengas con Dios es proporcional a la paz que vas a tener, y perderla es desaprovechar un fruto. No te das a conocer por cargar una Biblia debajo del brazo, sino por los dones que posees. Debemos procurar no romper la tranquilidad, lo cual conseguimos entregando nuestros problemas a Dios, que es el único capaz de proporcionarla. Tener calma por encima de todo es dominar una paz intelectual.

Pelear y gritar son consecuencias de perder la paz. Si Dios es bondadoso es porque solo Él puede generar cosas buenas, no malas. Tiene el control de todo lo malo que está pasando en tu vida. Dios no te da conforme tus dificultades, sino a tus capacidades. El problema surge cuando interrumpes la calma y tus fuerzas menguan. No pierdas el control. Cuando tu mente pierde la paz, te dice: «No hay, no te alcanza, no te quieren». El entendimiento desaparece, dando paso a la desesperación. Entonces te debilitas y tu vida se descontrola, volviéndose un desorden; te deprimes y un sinnúmero de cosas más.

Observa hasta dónde llegas al perder la tranquilidad cuando tu mente no encuentra una solución al problema. Los hijos de Dios sabemos que aunque no haya una respuesta natural, existe una divina. Dios tiene control de todo, ni la hoja de un árbol se mueve sin su voluntad. No estar bien tomados de la mano de Dios y no tener una relación con Él nos debilita y nos conduce a tales extremos. La paz del Señor surge al confiar en Él, mientras que el miedo es el arma que la roba. No rehúyas de la prueba, porque Dios te ha dado habilidades para salir adelante. Ten calma en medio de la tormenta. Prepárate, porque el Todopoderoso va a promoverte. La paz tiene que ver con la confianza: cuando confías en alguien, pueden decepcionarte. Sin embargo, el Todopoderoso no te va a fallar, porque es eterno y permanece para siempre. Confía en Dios en primera opción, no en segunda ni en tercera. Cree profundamente en Él y tendrás paz.

Lee la palabra de Dios en Isaías 26:3.

No te detengas

Porque como la tierra produce su renuevo,
y como el huerto hace brotar su semilla,
así Jehová el Señor hará brotar justicia
y alabanza delante de todas las naciones.

Isaías 61:11

Tu confianza en el Señor te hará fuerte y estable de forma espiritual, física y material en todo lo que hagas. Es una falla posar la confianza en las personas o en los negocios, porque causa depresión. Si te han dicho «No te preocupes, pues la última palabra la tiene Dios» es para que no te detengas. El Señor nos manda a sacudirnos. No te des por vencido, no te detengas, continúa la carrera que tienes por delante, con los ojos puestos en la meta, que es Cristo Jesús.

Necesitamos del Señor para continuar y terminar el recorrido en victoria. Él pelea por sus hijos. Aunque los defiende, también demanda que se muevan y no se detengan en medio de la carrera. No te rindas, no te desalientes. Sigue caminando a pesar de que el rumbo sea difícil, de que tropieces, de que te desanimen, de que caigas. Levántate, sacúdete y sigue andando. Cuando queremos alcanzar algo, no importa que sea arduo. Mira el destino adonde Dios quiere conducirte.

La confianza en el Todopoderoso te hace imparable. Implica tenerlo en primer lugar, porque confiar en cosas materiales —como el dinero, por ejemplo—, no produce buenos resultados. La gente quiere provisión sin una visión. Atraes todo lo que adoras. Al alabar al Señor, invocas al Espíritu Santo. No puedes amar a Jesús si tu primera opción es el dinero. Este no es malo, puesto que Dios lo dejó; el problema está en que pongas tu confianza primero en él. El dinero es capaz de esclavizarte, de tomar tu paz y de robarte el sueño. Muchos piensan que lo es todo, pero se equivocan.

No permitamos ser como Judas, que se sentó con Jesús y le aplaudió, pero nunca le entregó su corazón. Pon tu confianza en Cristo. No te detengas.

Incrementa tu fe estudiando la palabra de Dios en Mateo 6:24-27.

Tu relación con Dios

Porque todo aquel que pide, recibe; y el que busca, halla; y al que llama, se le abrirá.

Mateo 7:8

La palabra «relación» se refiere a una conexión que hay entre dos personas. Cuando desarrollamos un lazo con el Espíritu Santo, empezamos a pensar, hablar y desear cosas que pertenecen al reino de Dios. No anhelaremos tener doble ánimo, mentir o ser infelices. Todo comienza con el planteamiento de quiénes somos. Si reflejamos una relación con el Altísimo, podemos ser testimonio edificante para los demás, de modo que al ver nuestra manera de ser, otros sabrán que tenemos una conexión verdadera con Jesús. Esta unión con Cristo no es difícil de obtener, como podríamos pensar: tan pronto nos convertimos en hijos de Dios, recibimos el Espíritu Santo, quien empezará a obrar en nuestros corazones. Debemos orar y leer las sagradas escrituras para mantener viva esta alianza, lo cual nos ayudará a crecer, a confiar y a establecer un enlace con el Señor.

Si quieres marcar la diferencia en tu vida, en la de tu familia y en las de tu entorno, tienes que entender primero, una vez que entres en relación con Dios, la importancia del propósito por el cual fuiste creado. Él mismo prometió proveer soluciones para todas nuestras necesidades y deseos. Debemos seguir y cumplir sus mandamientos, así como guardarlos y dar de nuestra parte.

Probablemente tú, que estás leyendo este libro, vienes de un hogar destruido o de situaciones familiares difíciles y devastadoras de las que nunca te has recuperado. Ahora es el momento de hacer las cosas de manera diferente.

La vida se vuelve exitosa al tener una relación con Dios a través de Cristo, porque Él despierta la pasión dentro de nosotros para amar a todos los que no rodean, sin luchar con lo que el Señor nos manda a hacer.

Muchos de nosotros no oramos y no pedimos por nuestras necesidades simplemente por falta de tiempo. Pero son distracciones que detienen lo que Dios tiene para nuestra vida. Ocurre al no tener un enlace con el Señor.

Medita en la palabra de Dios en Juan 8:16-18.

Sal de la amargura

Airaos, pero no pequéis;
no se ponga el sol sobre vuestro enojo.
Efesios 4:26

Existen muchas cualidades o motivos cuando las personas se amargan; tenemos que ser cuidadosos para no caer en esto. Cuando una persona está amargada, es fácil notarlo. Si nos mantenemos desconectados de la oración, la amargura entra en nuestras vidas con mayor facilidad. Es posible que las personas amargadas estén ofendidas y no han podido perdonar, o están teniendo una batalla con su mente, se frustran, o puede que luchen con mucho enojo. La amargura puede estar también cuando ves a alguien en una mejor posición, ya sea espiritual o material, y por ello te sientes inferior a la otra persona.

Otra razón por la cual las personas se amargan es porque están batallando con una enfermedad, con una situación económica, problemas en el matrimonio, por cansancio excesivo, por el trabajo, o por mucha preocupación. Nuestras conversaciones pueden ser ofensivas; el tomar decisiones sin la voluntad de Dios te puede convertir en amargura, porque al no caminar con dirección de Dios, hay peligro, y nadie quiere estar cerca de un amargado. Esto no te lleva a ningún lugar y nos quita por completo la paz.

Yo puedo decirte que, en los años que tengo, me han pasado cosas grandes y difíciles de soportar. Una de las cosas que me ha ayudado es que, a pesar de todo, siempre sonrío, y en momentos he llorado; a los pocos minutos, río a carcajadas y eso me ha ayudado mucho. Pero la mejor ayuda es pedirle a Dios que quite esa amargura de tu vida. Él es bueno; nos ama tanto que no pierde tiempo para transformarnos y convertirnos en personas con mentes saludables, llenas de felicidad y paz. Solo tienes que dar un paso y rendirte a Él, y verás cómo es tan poderoso para sanarte, y te darás cuenta de que la amargura te estaba absorbiendo. No debemos permitir que robe nuestros sueños; es tiempo de parar de quejarte, esto no soluciona nada. Sal de la amargura, en el nombre de Jesús, se puede. Pídele a Dios que te perdone por dejarla entrar en tu vida.

Quiero decirte que, por todo lo que he atravesado en mi vida, he tenido muchos motivos para haberme amargado: cuando he perdido seres queridos, haciendo el papel de mamá y papá, trabajando muy duro, cuando no pedí dirección a Dios y me he equivocado, y acepto que las malas decisiones traen consecuencias. Te vuelvo a repetir, estaba amargada, pero yo tomé la decisión de seguir a Jesús. Le pedí ayuda, mucha paz y gozo, y Él me dio todo lo que le pedí. Estoy muy agradecida con mi Señor, porque aunque no ha sido fácil, he podido caminar sin amargura porque Él me ha dado mucho gozo, seguridad y tranquilidad. Si estás pasando momentos difíciles, pídele a Dios no amargarte.

Lee la palabra de Dios en Efesios 4:31.

Dios siempre es el mismo

Porque no abandonará Jehová a su pueblo,
ni desamparará su heredad.
Salmos 94:14

Dios nunca cambia; Él es el mismo de ayer, hoy y siempre. Él no es como tú y yo. Hoy podemos estar con una buena actitud y, al rato, estamos de mal humor. El amor de Dios por nosotros es tan grande que, a pesar de nuestros malos actos o conductas, Él siempre está listo para perdonarnos. También es un Dios de cambios; Él está dispuesto a cambiar cualquier área con la que nosotros batallamos. Aunque nosotros somos desobedientes y le fallamos, este salmo que aparece al principio dice que Él no abandona a su pueblo. Es necesario que, sabiendo que tenemos un Dios que nunca cambia, nos arrepintamos y tratemos de modificar nuestras vidas. Cada día tenemos que agradecer por el poder y el amor de Dios hacia nosotros.

Si nos damos cuenta, en Josué 1:5 dice: «Nadie te podrá hacer frente en todos los días de tu vida; como estuve con Moisés, estaré contigo; no te dejaré, ni te desampararé».

Muchas veces, no encontramos salida ni solución a nuestros problemas financieros, enfermedades, preocupación por nuestros hijos, la pérdida de un ser querido, deudas, frustraciones, fracasos o decepciones, y se nos olvida que Dios nunca cambia; que Él sigue siendo el mismo. Él mueve la montaña a nuestro favor; Él no pierde ninguna habilidad para ayudarnos porque el Señor siempre tiene el control de la vida de cada uno de sus hijos. No se te olvide que Él nunca cambia; si en tu casa hay dificultades familiares o están tomando malas decisiones, sigue confiando, ora y aférrate a la palabra de Dios, creyendo que sucederá. A pesar de que desobedecemos y alteramos nuestra forma de pensar, Él sigue siendo el mismo. Debemos ser agradecidos por el gran Dios que tenemos; Él es muy distinto a nosotros y el amor hacia sus hijos es incondicional.

Empieza a hablar con el Altísimo. Pide con fe, Él no se arrepentirá de darte lo que le estás pidiendo. Él cumplirá, porque nunca cambia. Es nuestro modelo para ser como Él.

Recuerda que Dios nunca cambia.

Recuerda que Jesús es el mismo.

Recuerda que Él es fiel.

Profundiza en la palabra de Dios en Hebreos 13:8.

No te detengas; crece

Así, pues, cualquiera de vosotros
que no renuncia a todo lo que posee,
no puede ser mi discípulo.
Lucas 14:33

No detenernos significa que, pase lo que pase, vamos a seguir creciendo sin parar. Personalmente, he experimentado el crecimiento espiritual en mi vida, pero para crecer debemos ser decididos a someternos a Dios con humildad, porque los que necesitamos a Dios somos nosotros. Él siempre estará ahí para ayudarnos y tendrá amor para nosotros.

Yo quiero decirte que no te detengas. En la tribulación, persiste; cuando te sientas solo o sola, persiste; cuando pierdas un ser querido, persiste; cuando tu situación económica esté mal, sigue persistiendo; cuando todos te abandonen, persiste; en la enfermedad, persiste; aun cuando no te tomen en cuenta y cuando nadie crea en ti, continúa persistiendo, pon todo en las manos del Señor y no te detengas. Esto te hará fuerte cada día de tal forma que testificarás las grandezas que Dios hará en tu vida. A Él le agrada cuando somos obedientes y hacemos su voluntad bajo su dirección.

Quizá pienses: «¿De qué manera puedo crecer?». Haciendo cambios propios. Nosotros sabemos qué cosas nos estancan o qué no nos deja avanzar, y si todavía no has tomado la decisión de leer la palabra de Dios, orar y ayunar, te invito a que lo decidas y verás cómo caminarás confiado. No solo eso; también crecerás cada día y podrás tener paz interior. Dios es tan bello que toma en cuenta todos nuestros esfuerzos y se glorifica a través de ellos, así como también escucha todas nuestras oraciones, por más simples que sean. Él no las rechaza, las recibe con amor y da respuestas a nuestras súplicas; por eso, no hay tiempo que perder. Servirle a Dios es la mejor decisión que podemos tomar, y no hay excusa para dejar de avanzar. ¡No te detengas!

Jesús fue claro en su palabra. En Mateo 7:7, dice: «Pedid y se os dará; buscad, y hallaréis; llamad, y se os abrirá».

Así, camina y pide, cree tocando, busca y confía, porque pronto verás ese crecimiento que tanto estabas esperando. Entre más conocimiento tengas de tu dimensión interior, será mucho mejor, pues te dará la capacidad de ayudar a otros que estén a tu alrededor, a fin de que puedas compartirles lo que Dios ha hecho en ti. Necesitas ejercitar tu fe cada vez que escuches su palabra. Él tiene promesas para ti, pero requiere que las mezcles con tu fe. De nada sirve su voto de sanación si no confías en él. Igualmente, no tiene sentido que prometa que no te va a dejar y que te va a proveer si no tienes fe, pues nada va a suceder. El enemigo usará alguna distracción para que no te enfoques y no creas en su palabra.

Quiero decirte una vez más que la palabra de Dios es una herramienta poderosa para tu vida. Léela, ponla en obra. Sus escrituras son las únicas que te convencen de que no estás haciendo las cosas bien. Son un instrumento multifuncional que te servirá en todo lo que desees hacer o emprender. Te permitirá tener una vida pura y limpia delante de Dios y de los demás.

Profundiza en la palabra de Dios en 2 Timoteo 3:16.

Fuiste diseñado para resistir

Por lo cual pido que no desmayéis a causa de mis tribulaciones por vosotros, las cuales son vuestra gloria.

Efesios 3:13

El primer paso para resistir es permitir que Dios borre la influencia de Satanás en nuestras cabezas. No olvidemos que el enemigo es tan astuto que ningún ser humano puede hacerle frente sin la ayuda del Señor. Por lo tanto, la clave para conseguirlo es acercarnos a Dios, ser constantes y permanecer junto a Él.

Hay momentos en los que podemos sentirnos abrumados, como si la presión fuera demasiada. Tal vez debido a un ser querido, por lidiar con enfermedades o porque no nos traten bien en el trabajo. Son cosas muy difíciles de manejar. En la Biblia, Pablo dice: «Fiel es Dios, que no os dejará ser tentados más de lo que podáis resistir, sino que dará también juntamente con la tentación la salida, para que podáis soportar».

Dios nunca permitirá que enfrentes más presión de la que puedas manejar, ni que cargues más peso del que tus fuerzas sean capaces de soportar. Así que tenemos apoyo divino en nuestro caminar. La oración nos librará del mal y nos dará respuesta; sin embargo, esas promesas no significan que nunca tendremos problemas. Al contrario: Jesús dijo que en este mundo tendremos aflicciones. Sigue confiando en que Cristo ha vencido al mundo. La manera más efectiva de resistir es confiando en el Señor.

La buena noticia es que nuestro Dios te diseñó para cosas grandes. Él no solo creó planetas, sistemas solares y montañas, también te modeló a ti con un propósito. Calculó todo lo que enfrentarías, toda la presión y el peso, cada pérdida y error que cometerías. Has sido hecho para resistir los vientos, superar la oposición, vencer la injusticia y soportar, hasta que el sueño se cumpla, cualquier circunstancia que se te presente, que te detenga; en fin, cualquier tragedia que te suceda.

Con el poder de Dios somos capaces de vencer todas las batallas. Cristo nos lleva a alcanzar la victoria. Podemos afrontar cualquier situación con confianza en las preciosas manos del Señor. Somos resistentes.

Lee la palabra de Dios en Juan 5:1-9.

Cuál es o cómo está tu fe

Que por fe conquistaron reinos, hicieron justicia, alcanzaron promesas, taparon bocas de leones.

Hebreos 11:33

En Marcos 5, una mujer había tenido flujo sanguíneo por doce años, llegando a empobrecerse en la búsqueda de una cura, pero nada le había resultado.

Es duro imaginar el desespero que esta mujer pudo sufrir, a pesar de que contaba con el apoyo de personas cercanas, quienes la consolaban al saber que no le quedaba mucho tiempo.

Un día, ella se enteró de que Jesús iba a pasar por allí. Sabía que Él había calmado los mares, dado vista a los ciegos, sanado a un paralítico y curado a un leproso. Algo se activó en su interior: «Si sucedieron milagros en otras personas, también puede hacerlo por mí». Aunque le fue posible quejarse, sentirse triste y pensar que la vida había sido injusta por su gran padecimiento, ella optó por considerar acercarse a Jesús. Al tocar el borde de su manto, supo que sanaría.

La gran multitud de gente hacía difícil llegar hasta donde estaba Jesús. Sin embargo, ella se esforzó, peleó para abrir camino y su pensamiento firme y correcto no sucumbió. Insistió a pesar de la debilidad que le habían generado los años de padecimiento. Incluso gateó para alcanzarlo. Al hacerlo, Jesús la vio y miró a los discípulos.

—¿Quién me tocó? —les preguntó. Jesús sintió que alguien había sacado poder de Él. Sonrió y le dijo—: Tu fe te ha sanado. Vete en paz, tu fe te ha sanado.

La clave fue su fe. Te pregunto, ¿con qué estás luchando? Es tiempo de que tu fe sea activada. ¿Qué estás pidiéndole a Dios? Puede ser que lleves años orando y no hayas visto resultado. Sigue confiando, pues no hay nada más poderoso que nuestra devoción. Cuando crees teniendo la expectativa de que las cosas van a cambiar, sucederá. Profetízate a ti mismo. Sé que el avance está llegando, que la sanidad está en camino, que Dios terminará lo que comenzó.

Profundiza en la palabra de Dios a través de Hebreos 11.

Que nada te detenga

Pues la Escritura dice: Todo aquel que en él creyere, no será avergonzado.
Romanos 10:11

La palabra de Dios es muy clara: siempre que creamos, no seremos avergonzados.

No permitas que las voces negativas te estanquen, o que la debilidad dé paso al temor. Es seguro que te afectará espiritualmente. El enemigo usa sus estrategias para entretenerte, pero tengo buenas noticias: estas voces se pueden callar con la palabra de Dios.

Recuerda que el Señor te diseñó con un motivo, no eres casualidad ni accidente.

Si le pides autoridad a Dios, Él te la dará. Debes decirle «no» al miedo, el cual va a querer entrar cuando estés ejerciendo tu poder. Sé fuerte y valiente, a fin de no quedar avergonzado. Lucas 4:18-19 dice: «El Espíritu del Señor está sobre mí, Por cuanto me ha ungido para dar buenas nuevas a los pobres; Me ha enviado a sanar a los quebrantados de corazón; A pregonar libertad a los cautivos, Y vista a los ciegos; A poner libertad a los oprimidos; A predicar el año agradable del Señor».

Fuiste diseñado con un propósito.

Dios te ha ungido para cosas grandes.

Te ha preparado para dar las buenas nuevas.

Te eligió para ayudar a los quebrantados de corazón.

Te envió para ayudar a los cautivos.

Te envió para ayudar a los oprimidos.

Te envió para que ejerzas autoridad

Las voces negativas van a querer detenerte, susurrándote al oído quién eras antes. Te dirán que no puedes y que no sirves, o generarán enfermedades para quitarte la paz. El enemigo intentará robar tu calma aun en el trabajo, desenfocarte y estancarte, pero puedes ver que fuiste diseñado con un propósito. En Lucas 4:38-39 es posible conocer el momento en que Jesús sanó a la suegra de Simón, quien tenía una gran fiebre: «Reprendió la fiebre, y la fiebre la dejó». Jesús dejó estos grandes ejemplos. Él no ha pasado de moda. No permitas que las voces negativas te impidan ver e incluso transmitir milagros.

Él es el mismo de ayer, hoy y siempre. Sigue caminando, aunque sea difícil. No te detengas, pues Él tiene cosas grandes para tu vida.

Lee Proverbios 4.

Camina, no tengas miedo

Busqué a Jehová y él me oyó y me libró
de todos mis temores.
Salmos 34:4

La palabra de Dios es clara al decirnos que si buscamos al Señor, podemos caminar en libertad. Esto significa caminar sin miedo; es posible que te sientas incapaz, pero si tú no temes, Él te dará muchas capacidades para que las desarrolles, y así expandir el reino de Dios.

Si sientes que el miedo no te deja avanzar, es tiempo de que le hables a ese temor; dile con valentía: «No me vas a paralizar. Yo seguiré caminando y avanzando de tal forma que nada me detendrá». Cuando ponemos nuestra confianza en Dios y sabemos quién es, nuestros temores tienen que desaparecer.

No debemos permitir que el miedo nos paralice para poder desarrollar nuestros talentos, porque si le damos libertad al miedo, va a tomar control de nosotros y hará que escondamos nuestros dones y talentos. Puede que tengamos anhelos, pero no los realizamos por el mismo temor, y si no tomamos una decisión de ponerle un alto, controlará nuestras vidas y tendremos miedo de hablar, de tomar una decisión, de empezar algo nuevo o diferente. Si te das cuenta, detrás del temor vienen muchas cosas como la inseguridad y la amargura, de tal forma que hasta se pueden desarrollar enfermedades y no debemos permitir llegar hasta estos extremos. En el salmo que está al principio, dice que si buscamos a Jehová, Él nos escucha y nos libra de todos nuestros temores. No debemos caminar con temor. En ocasiones, este querrá visitarnos; depende de nosotros si lo dejamos entrar.

Te invito a que camines y no tengas miedo al Señor. Le gusta que confiemos en Él porque es mayor que todos nuestros temores. Cumple con tus anhelos y camina sin miedo, y verás tus sueños hechos realidad. Las escrituras contienen varios ejemplos que podemos tomar para seguir avanzando sin temor.

Si has estado pidiendo por tu matrimonio y no has visto respuesta, sigue caminando.

Si has estado pidiendo por tus hijos y no has visto respuesta, sigue caminando.

Si has estado pidiendo por la salvación de tus familiares y no has visto respuesta, sigue caminando.

Si has estado pidiendo por un trabajo y no has visto respuesta, sigue caminando.

Si has pedido con fe, permanece firme y espera tu resultado.

Enfócate en la palabra de Dios en 2 Timoteo 3:10.

Mantente firme

Así que, hermanos míos, amados, estad firmes y constantes, creciendo en la obra del Señor siempre, sabiendo que vuestro trabajo en el Señor no es en vano.

1 Corintios 15:58

Mantenernos firmes es ser personas decididas y llenas de fe, mas no nos exime de dificultad. Las pruebas nos llegan a todos. El apóstol Pablo nos dice en Efesios 6:11: «Tomad toda la armadura de Dios, para que podáis resistir en el día malo». Dios sabía que íbamos a enfrentar problemas o días desagradables.

Por eso nos pide ponernos su armadura: para que podamos resistir en jornadas adversas y de prueba. Llegarán cosas a tu vida capaces de robar tu gozo y hacerte renunciar a tus sueños. Si quieres pasar la prueba, has de tener raíces profundas. No puedes ser débil y quejarte, exclamando «Dios, ¿por qué sucedió esto?». Más bien, haz que tu cabeza diga determinantemente: «Sé que Dios es fiel y sigue en el trono, que mayor es quien está por mí que quien está contra mí. No soy movido por mis fuerzas. Todo estará bien. No me afecta cuán injusto es todo ni lo que no entiendo. Soy consciente de que quería dañarme y detenerme, pero Dios lo transforma para bien».

Pablo nos aconseja tener solemnidad luego de hacer todo lo que sabemos. No tienes que propiciar circunstancias ni preocuparte. Solo permanece frente la oposición, ante las voces que gritan que no va a funcionar. Continúa cuando el reporte médico sea muy aterrador.

En 1 de Pedro 5:9 dice que resistamos firmes, que lo hagamos con fe. No para tener control de nuestra fe, sino que debemos creer para obtenerla, para mantenernos firmes, y cuando lo hacemos ante las malas noticias, ante las dificultades y cualquier circunstancia, te ayudará a que no decaigas. Si no ves las cosas como quieres, es inevitable que la tristeza llegue porque somos humanos; pero si estamos firmes, la tristeza no tomará el control de nuestras vidas. Dios nos ha dado tantas promesas en su palabra, y lo ha hecho para que participemos de ellas; por eso es tan importante que nos mantengamos firmes, leyendo la palabra de Dios, orando y creyendo que, pase lo que pase, nada nos va a mover. Esto es importante, porque si no estamos firmes y viene la circunstancia, es posible quedarse estancado, y Dios quiere que seamos estables y que sigamos confiando en Él.

Lee la palabra de Dios en 2 Pedro 1:4-5.

Firme ante las pruebas

Velad, estad firmes en la fe;
portaos varonilmente, y esforzaos.
1 Corintios 16:13

Estar firme ante las pruebas es mantener profundas tus raíces. Aunque los vientos sean muy fuertes, no te alterarán. Se trata de hablar de salud cuando peleas con una enfermedad, y de abundancia cuando tu negocio no esté funcionando. Sigue pensando en vencer cuando te sientas derrotado. En eso consiste la firmeza. Si continúas creyendo, confiando y esperando, serás imparable, pues la tribulación no evitará que llegues a tu destino. Dios no desea únicamente personas que tengan una gran fe, sino que permanezcan sólidas, inalterables en medio de una pandemia. El Señor no busca personas amargadas, atemorizadas y desalentadas, sino sujetos firmes, con actitud de fe.

Él quiere fortaleza frente a un problema que no esté cambiando, ante un corazón roto y en la ausencia apoyo. Dios nunca dijo que no tendríamos un día malo o un tiempo de problemas, pero sí prometió sacarnos de ellos si permanecíamos sólidos. Él derrotará a tus enemigos. Satanás no puede vencer a quien está firme, a quien alaba ni a quien agradece a Dios incluso cuando las cosas no están en su mejor momento. Sostén tu fe en medio de los problemas. Aunque seas amargado o negativo, confía en que Dios está obrando y en que las cosas van a cambiar. Ten paciencia, porque todo se transformará mediante la fe. Permanece inamovible ante lo que tienes que afrontar. Que tu mirada esté fija en Dios. Él tiene la última palabra. Cumplirá lo que promete, solo mantente firme.

Lee la palabra de Dios en 1 Corintios 15:58.

¿Estás preparado para las próximas temporadas?

Tú guardarás en completa paz aquel
cuyo pensamiento en ti persevera;
porque en ti has confiado.
Isaías 26:3

Cuando te hablo de próximas temporadas, es porque se pueden avecinar unas nuevas y buenas, y siempre debemos estar muy bien preparados cuando lleguen algunas temporadas desagradables. Nosotros, como hijos de Dios, debemos orar en todo tiempo para tener una buena relación con el Señor. Los malos tiempos no nos detendrán para recibir las próximas buenas temporadas. El mantenernos fuertes permitirá que seamos hijos de Dios, firmes y fuertes para afrontar retos, oposición y superar obstáculos. Esto nos hace crecer mucho más de lo que imaginamos.

Yo quiero hablarte de mis temporadas; he enfrentado desafíos, retos, y esto me ha permitido crecer mucho más espiritualmente. En algunas temporadas difíciles, yo no estaba preparada y, por momentos, sentía que ya no podía más, y entendí que solo Jesús podía ser mi ayuda, mi defensor y el único que me podía llenar de fuerzas. En mis propias palabras, empecé a decirle: «Dios, ayúdame. Yo sola no puedo caminar; mis fuerzas están decayendo», y Dios escucha. Entonces, empecé a afrontar retos; eran difíciles, pero con la ayuda de Dios yo podía enfrentar estas temporadas tristes.

Hoy, puedo decirte: no te detengas ante las dificultades y prepárate para las buenas temporadas que se aproximan, porque después de la tormenta viene la calma. Solo mantente firme, preparado o preparada con oración, no te desalientes ante las adversidades, porque Dios en su misericordia las va a usar como medio para elevarte y subir unos escalones más, y así observar cosas que tus ojos nunca han visto. Te invito a mantenerte firme en cualquier temporada que Dios tenga para ti, ¡sigue firme!

Da la impresión de que el reto va a detenerte, pero en realidad va a atenderte. No te desalientes ante los vientos contrarios de la prueba, pues estos indican que estás a punto de despegar, de observar cosas que nunca has visto y de llegar a lugares a los que jamás has ido. Pasa la prueba, sigue firme, actuando correctamente. Tal vez lo has hecho una y otra vez, pero el reporte médico no mejora o tu negocio no prospera. Es allí donde debes tener raíces profundas y decir: «Dios, yo no soy movido por lo que no está cambiando. Lo que no sucede es incapaz de desalentarme. No voy a marchitarme, a quejarme ni a renunciar a mis sueños. Me mantendré firme, haciendo lo correcto».

Lee Salmos 121.

Las cualidades de la obediencia

Y estando en la condición de hombre, se humilló a sí mismo, haciéndose obediente hasta la muerte, y muerte de cruz.

Filipenses 2:8

¡Qué gran ejemplo tenemos para ser humildes y obedientes! La sumisión a Dios es una parte esencial de la fe cristiana. Jesús mismo lo fue hasta la muerte, aunque esta fuese en una cruz. De modo que para los cristianos, la obediencia significa cumplir con todo lo que nuestro Señor ha ordenado.

Cuando hacemos caso, muchas cualidades nos permiten ser bendecidos y ser de bendición —porque donde hay obediencia, hay bendición—. En la sumisión hay una cuota de fe. Aunque en momentos dudemos y tengamos miedo, siempre debemos creer, lo cual se traduce en obediencia.

Nunca permitas que tu devoción sea pasajera; es decir, no creas únicamente cuando haya necesidad, angustia y enfermedad. La fe del momento consiste en pedir mediante oración en medio del apuro, que Dios obre, recibas tu milagro y luego sigas viviendo del mismo modo. Es necesario que nuestra fe no sea temporal, sino perpetua. En la obediencia hay devoción. La palabra de Dios dice: «Bienaventurado es el que en Él cree».

La confianza genera fe, la cual atrae bendición. Al obedecer, provocamos que los principios de Dios se cumplan. La sumisión determina nuestro futuro: una vida en obediencia al Señor es una vida segura.

Cuando te elogian y te siembran es porque Dios lo permite. Nosotros atraemos la bondad a través de la obediencia. Sigue haciendo caso y creyendo. Mantente firme. No importa que las cosas no estén saliendo como quieres, continúa tu servicio al Señor. Estoy segura de que Él te dará tu recompensa. Serás más que bendecido. No te cuestiones con expresiones como «¿Por qué estoy haciendo caso, si todo me sale mal?», «¿Para qué estoy en obediencia? No he salido de una y ya estoy en otra», o «¿Por qué siempre estoy en enfermedad?». Ten paciencia, tu recompensa, tu bendición y tu sanidad están en camino. No te desesperes, Dios es fiel y cumple sus promesas. Declárate un bendecido.

Gálatas 3:14 deja claro que la bendición en Cristo Jesús que el Señor desea que recibamos no son las cosas materiales, sino algo mucho más grande: la promesa del Espíritu. En el evangelio no solo recibimos la bendición de ser perdonados, lavados y limpiados, también la mayor de todas: ser hijos de Dios.

Invita a Dios en tus dificultades

Normalmente, nos preocupamos cuando pasamos una dificultad, orando: «Dios, sácame de este desafío. Soluciona este problema». Puede tratarse de trabajo, de la situación económica, del hogar, de los hijos o de enfermedad. Nos desesperamos y oramos, lo cual no tiene nada de malo. Sin embargo, antes de pedirle a Dios salir de cada situación, invítalo a entrar y a que te ayude a sobrellevarla. A veces, el milagro no está en la salida, sino en el proceso. En lugar de rogarle una vía de escape, invítalo a hacerse presente en la habitación: «Entra en esta situación, dirígeme. Sé que quieres enseñarme a través de cada dificultad». Pídele sabiduría y paz en medio de todo.

Mientras tomes un tratamiento, pídele que sea tu ayudante; solicítale ser tu guía en el trabajo. La idea es que seas dirigido por Él, que aprendas a hablarle. Manifiéstale que quieres caminar bajo su gracia y guía. Aunque estés luchando con una fuerte ansiedad, sigue conversando con el Señor, manteniendo la certeza de que te va a sacar de ahí.

En lo personal, puedo decir Dios me ha dado enseñanzas ante cada proceso. He aprendido mucho. Soy capaz de testificar cómo me ha dado paz en momentos difíciles. Me ha hecho fuerte, me ha enseñado a confiar en Él. Cuando leo su palabra, aprendo a tomarme de las promesas que dejó escritas. «Señor, tu palabra dice que no me vas a abandonar», le manifiesto.

Así aprendes a estar confiado. Incluye al Altísimo en cada situación con la que estés lidiando. Lo más poderoso es que invitar a Dios a ayudarte en tus dificultades hace que forme parte de tu vida, lo que proporciona cambios. Él entra y te da favor.

Independientemente de quién esté queriendo derribar tu plan, Él te da la fuerza necesaria, al punto en que no puedes explicarlo. El Señor te ofrece la gracia para superar lo que debería detenerte. A Dios le gusta que le hablemos y le preguntemos.

Muchos años atrás, quería servirle al Todopoderoso y se me dificultaba, no podía. Recuerdo que levanté mi rostro al cielo y le dije:

—Dios, si me permites regresar a tus caminos y me das una oportunidad más de servirte, voy a hacerlo con todo mi corazón. Te invito a que me ayudes.

Pasé por un proceso muy, muy difícil. No se lo deseo a nadie. Sin embargo, el Señor me dio una oportunidad. Por eso le alabo con todo mi corazón. El hecho de que levante mis manos al cielo cuando le canto viene de la gratitud.

Dios nos saca de cualquier circunstancia, no importa qué tan grande sea. Le pedí una oportunidad y me la dio. En el proceso, tuve que llorar como de veras se llora. Pero me dio la ocasión de servirle de nuevo. Dios es fiel y cumple sus promesas. Él me llenó de fuerzas y me otorgó esperanza cuando no la tenía. Cada día que pasa puedo ver su gracia y su amor hacia mí.

Si te enfocas solo en que Dios te saque de la situación, quedarás frustrado: Él no hace las cosas según nuestro calendario. A veces toma más tiempo del que piensas. Sin embargo, puedes descansar al pedirle a Dios que sea parte del asunto, diciendo: «Te dejo entrar para que me ayudes en cada situación. Sé que estás ordenando mis pasos». Todo te saldrá bien, sigue confiando.

Te invito a leer la palabra de Dios en Hebreos 4:16.

No importa el pasado, sigue caminando

Todos tenemos adversidades en la vida, ya sean personas injustas, una enfermedad o problemas financieros. Algunas veces no es nuestra culpa. Quizá nacimos en dificultades, con padres que nunca oraron cuando estábamos en el vientre, por lo que nunca rompieron las maldiciones generacionales. También pudieron haber estado en depresión o ansiedad, en adicciones, amargados o sin preparación para nuestra llegada, transmitiendo esta cadena a través de su descendencia. Solemos preguntarnos «¿Por qué estoy teniendo esta oposición? ¿Será porque crecí en un entorno no saludable? ¿Qué hay en mi pasado que me persigue y no me deja disfrutar y vivir en abundancia?». Muchas cosas de tu pasado son una carga, una opresión.

No vivas recordando tu historia, no seas prisionero de ella. Hay algo en ti que el enemigo está intentando detener. Pero no es tarde, pelea. Dios nos limpia y nos quita todo peso. Ora y pídele al Señor que queme toda la raíz de maldiciones generacionales que arrastras. Tu vida puede cambiar. Empezarás a ver cómo obra. El enemigo sabe que hay grandeza en ti, por eso crea desafíos, amenazándote para que mantengas tu mente ocupada. Él quiere detener tu crecimiento, pero Dios te marcó y dijo: «Eres mío». Él puso favor y gracia sobre ti. Muchas veces, Satanás sabe quiénes somos incluso antes de que nosotros mismos lo entendamos.

Tal vez no lo ves aún, pero el enemigo puede ver que hay gracia en ti. Muchos de los desafíos que has enfrentado, de las cosas que no parecían justas, de los obstáculos que salieron de la nada y de las personas que se volvieron contra ti se deben a que hay un derribador de gigantes en tu interior, alguien que hace historia. Satanás sabe que llevas grandeza dentro de ti. Adopta una nueva perspectiva. Esas dificultades son una señal de que tu futuro guarda algo asombroso. Aunque haya desafíos, sigue caminando, orando y creyendo, porque un porvenir poderoso se aproxima. Continúa peleando. Mayor es El que está de tu lado que los gigantes que vienen contra ti. No te detengas, sigue caminando.

Juan 14: 25-27 dice:

> Os he dicho estas cosas estando con vosotros.
> Mas el consolador, el Espíritu Santo, a quien el padre enviará en mi nombre, él os enseñará todas las cosas, y os recordará todo lo que yo os he dicho.
> La paz os dejo, mi paz os doy; yo no os la doy como el mundo la da. No se turbe vuestro corazón, ni tenga miedo.

¡Qué escritura tan poderosa para aprovechar sus promesas! Con dos palabras que tomes de aquí puedes exclamar: «Él me da la paz». Nos dice que no tengamos miedo. Debemos caminar seguros, sin temor, más allá del pasado. Hoy todas las cosas son nuevas.

Sigue peleando.

Decide seguir a Jesús

Andad en todo el camino que Jehová
vuestro Dios os ha mandado,
para que viváis y os vaya bien,
y tengáis largos días en la tierra
que habéis de poseer.
Deuteronomio 5:33

Al Señor le agrada que nosotros honremos sus mandamientos y los pongamos en obra, y no hay mejor decisión que podamos tomar que seguir a Jesús y serle obedientes. Nos beneficia, como sus hijos que somos, para que nos vaya bien y tengamos largos días, como dice el versículo al principio.

Cuando tomamos la decisión de seguir a Jesús, es señal de esfuerzo. Esto quiere decir que Jesús ha sido y será nuestro todo en nuestras vidas, y esto pasa cuando nos damos cuenta, verdaderamente, de quién es Jesús. Aunque no todo esté como queremos, seguimos confiando en Él.

Si estás decidido a buscar ser un instrumento de Dios, tienes que decirle: «Señor, ¿qué debo dejar de hacer? ¿Qué necesito eliminar? ¿Cuáles son las barreras que me impiden avanzar o correr la carrera que tienes para mí?».

A algunos se nos hace difícil soltar el pasado, ya sea por culpa, resentimiento o duelo. Estar atrapado en él te impedirá seguir adelante con el presente y con el futuro que Dios tiene preparado para ti. Tu historia ha ocurrido, suéltala. Debes dejarla atrás.

Necesitamos simplificar nuestra vida y eliminar las distracciones para que Dios pueda usarnos. No trates de abarcarlo todo. Haz lo que más importa. Si el enemigo no es capaz inclinarte hacia el lado oscuro, buscará la manera de mantenerte ocupado, a fin de que no tengas tiempo para las cosas más importantes. Una distracción es algo que te impide cumplir tus metas, el llamado o el destino que Dios tiene preparado para ti.

Entre las cosas que pueden distraerte está un amigo con malos hábitos y las redes sociales. Saber usarlas no es malo, el problema es dejar que te roben demasiado tiempo. La distracción es peligrosa, pues te afecta, te enfría y te desanima espiritualmente. Tras ello viene una cadena cosas. No te darás cuenta de hasta dónde puedes llegar. En el entretenimiento puedes perder la convicción de tu identidad o asignación.

No te distraigas, Dios aún no ha terminado la obra que comenzó en ti. El Señor está perfeccionando algo grande en tu persona que será de mucha bendición para quienes te rodean. Los pasatiempos siempre llegan cuando estás más cerca de tu rompimiento. Las críticas, el rechazo y el desánimo intentan cansarte. Quiero invitarte a ver tu bendición a través de estos, a fin de llegar a tu destino. No permitas que el enemigo robe tu atención. No te distraigas.

Estudia la palabra de Dios en Colosenses 3:1-3.

Toma la bendición ayudando a otro a crecer

Y el Señor os haga crecer y abundar en amor
unos para con otros y para con todos,
como también lo hacemos nosotros
para con vosotros.
1 Tesalonicenses 3:12

Personalmente, tomo el ayudar a otros a crecer como una gran bendición. El poder tener la oportunidad, en diferentes formas y áreas de sus vidas. Tampoco podemos entrar en confusión, pensando que ayudando a otros obtendrás tu salvación, y quiero que quede muy claro que la salvación no es por ser bueno; la salvación es gracia de Dios. Efesios 2:8-9 nos dice que no debemos estancarnos por leer esta gran verdad.

Cuando servimos a Dios y ayudamos a otros, Él también nos da esa gracia para bendecir a los demás. Cuántas cosas buenas Dios ha hecho con nosotros, y el amor del Señor abunda en nosotros para transmitirlo a otros necesitados, y cuando hablo de necesidades pueden ser tanto espirituales como materiales.

Hoy en día, estamos rodeados de tanta gente falta de amor que necesitan una palabra de aliento. Hay ocasiones en las que tan solo una palabra positiva nos ayuda para cambiar nuestra actitud o manera de pensar. En la actualidad, hay tanta gente angustiada, ansiosa y negativa, peleando con las inseguridades. Es por ello que lo que hemos aprendido y experimentado con Dios, no debe quedarse solo para nosotros; hay que ayudar a otras personas.

Yo he salido de ese espíritu de ansiedad; hoy puedo decirles a los ansiosos que Jesús sana, salva y libera. Al orar, Dios se manifestará, cambiando la perspectiva de la mente debilitada y desanimada. El Señor nos ha llamado para ser discípulos suyos y mostrar nuestro amor, como Dios lo hizo. Con solo una sonrisa y una buena actitud, podemos expresar el amor hacia el necesitado, y esa gracia solo Dios nos la puede dar.

En ciertas ocasiones, he tenido la oportunidad de alegrarles el corazón a niños y personas adultas con necesidades, proporcionándoles un regalo. Y para mí ha sido una satisfacción tan grande saber que alegré el corazón de alguien necesitado. Dios me ha dado gracia y favor para ayudar a personas orando por ellas y dándoles palabras de ánimo, y para mí es una bendición. Y sé que ha sido Dios, porque día a día personas me llaman o me escriben, y puedo ver la restauración en sus mentes a través de una palabra, y oro por ellas.

Si todavía no lo has experimentando, pídele a Dios que te dé ese deseo y esa gracia, y sentirás la bendición de ayudar al necesitado en diferentes áreas de sus vidas. Ayuda a otros a crecer, aun cuando no veas las cosas a tu favor. He aprendido a decirle a Dios: «Mientras yo oro por otras personas, tú te encargas de mis necesidades». No permitas que nada ni nadie te detenga de ayudar a otros a crecer.

La otra manera en que podemos progresar y ayudar, es sirviendo en un ministerio. Dios ve el trabajo que hacemos, nuestras labores diarias, y de esa misma manera debemos esforzarnos para servir al Señor. A Él le agrada que tengamos amor para el necesitado porque, de esta forma, podemos alcanzarlo para que entregue su vida a Jesús, ser íntegro y hacer lo correcto. Para Dios, es lo mejor que podemos hacer. Él ve nuestro empeño, así que te animo a que ayudes a otros a crecer y celebra con ellos sus victorias; haciendo esto, demostramos ser seguidores de Cristo.

Si Dios te ayuda como lo ha hecho conmigo, no podemos ser egoístas; tenemos la oportunidad de ayudar a otros a salir como nosotros lo hicimos. Con nuestras propias fuerzas no podremos hacer nada, pero con las fuerzas del Altísimo todo es posible. Por eso, yo fui movida a escribir este libro, porque estoy segura de que ayudará a muchos otros. Una sola reflexión te puede ayudar a salir adelante.

Quiero decirte que Dios nos ha dado, a todos, habilidades y diferentes maneras de servir a los demás. Deja que Dios te use, siempre con humildad y amor.

Enséñales sobre el amor de Dios.

Enséñales que, de esa misma forma, podemos dar amor a otros.

Enséñales que Dios murió para salvarnos.

Lee la palabra de Dios en Romanos 12.

No compitas con nadie

Y también el que lucha como atleta,
no es coronado si no lucha legítimamente.
El labrador, para participar de los frutos,
debe trabajar primero.
2 Timoteo 2:5-6

En la vida cristiana, el evangelio no es un torneo. No se trata de quién es mejor, sino de dar amor, unidad y humildad. La competencia produce envidia, la cual genera, a su vez, debilidad. Mientras tanto, la unidad es fuente de cooperación para lograr resultados y beneficios. La condición principal es realizar la obra de Dios con responsabilidad y sabiduría en nuestras labores diarias y en el ministerio. El señor nos ha llamado a compartir y a complementarnos. Cuando veas que alguien está creciendo espiritual y materialmente, felicítalo, apláudelo y abrázalo. Demuestra que puedes celebrar sus ascensos o crecimientos.

La alabanza a Dios no mide quién canta más bonito o predica mejor. Lo importante es adorarlo. En lo personal, al momento de hacerlo, le doy toda la veneración que se merece. Voy a levantar mis manos y alabarlo.

Cuando vas con la expectativa de adorarlo, cierras las puertas al enemigo, a fin de no fijarte en cosas que te distraigan y te enfoquen en pensamientos indignos. En Filipenses 2:3 dice: «Nada hagáis por contienda o por vanagloria; antes bien con humildad, estimando cada uno a los demás como superiores a él mismo». La palabra de Dios es clara. Nos enseña cómo debemos caminar o ser.

No des lugar a los malos pensamientos para que te hagan sentir emociones que te lleven al enojo o al odio; no debemos abrir esas puertas a Satanás para que nuestra mente no se llene de pensamientos inadecuados.

¡Qué poderoso es ayudar a otros! ¡Es una bendición! Por lo tanto, rechaza y no des cabida a ningún sentimiento de rivalidad o competencia que quiera albergarse en tu corazón. Si ya lo has hecho, renuncia a ello y arráncalo de raíz. Así te sentirás libre, experimentarás un gran gozo y serás recompensado por el Señor. Debemos buscar sobresalir cada día, pero con humildad. No hagas lo que hacen los demás, crea tus propios récords. Supera tu ayer con tu hoy, procura hacer tu trabajo con mucho más esmero, dedicación y esfuerzo cada día.

La grandeza de tu crecimiento se mide por tu transparencia, ayudando a otros a ser exitosos en el Señor y demostrando tu amor y unión hacia los demás. No es una competencia.

Lee la palabra de Dios en 2 Timoteo 2:1-3.

Permite que Dios te transforme

El desierto es un lugar de transformación. Se puede tratar de enfermedades, de problemas matrimoniales, de apuros económicos o de ansiedad, entre muchos más. No importa qué nombre tenga. A la salida te convertirás en una persona más madura y victoriosa.

El desierto puede ser muy abrumador, al no saber que Dios quiere darnos forma, para llegar a donde no imaginabas y para crecer en fe. Cuando nosotros somos desobedientes y tenemos una manera de vivir no agradable delante de los ojos de Dios, nosotros mismos somos los que determinamos el tiempo del proceso por nuestra desobediencia, porque el Señor siempre está a la espera de nuestras oraciones para ayudarnos. No te desesperes; permite que Dios te forme. A veces Dios permite que atravesemos desiertos. No te resistas a ello. Piensa siempre que lo mejor está por venir, y recordarás todo el camino recorrido.

No te agobies tratando de controlar aquello que no puedes. Si ya has depositado algo en las manos de Dios, demuestra que confías en que su amor, poder y gracia trabajan a tu favor. No des rienda suelta a la ansiedad. Sácala, dile que no la ocupas y recházala. Dios te ha dado fuerza y autoridad. Él es poderoso. Lo lograrás, solo confía.

La razón por la que el Señor nos permite pasar por cosas que nos producen dolor es porque estas nos preparan para alcanzar un nivel mayor. Nuestro máximo desarrollo se produce en momentos de dolor. En otras palabras, Él no se negará a darnos aquello que es útil para nosotros, pero en ocasiones, la desesperación y la ansiedad que enfrentamos hacen que veamos de forma incorrecta. Pídele al Señor que se haga su voluntad en todos los aspectos de tu vida, pues es perfecta y siempre será mucho más sabia y provechosa para ti que tu propia voluntad. Jesús sabía que lo que debía atravesar era extremadamente difícil, pero a pesar de ello, expresó lo siguiente: «Que no se haga lo que yo quiero, sino lo que quieres tú». Así que por encima de su intención estaba la del Padre, quien lo comisionó para tal misión. Tal es la actitud que nosotros debemos procurar imitar.

En salmos 40:8 dice: «El hacer tu voluntad, Dios mío, me ha agradado; y tu ley está en medio de mi corazón».

Cambiando los malos hábitos

Todos luchamos en algún área de nuestra vida

Debemos detectar qué hábito específico es necesario cambiar, monitoreando nuestro comportamiento. El momento en que tomamos esta decisión es un gran paso, pues se trata de reconocer nuestro error. No somos perfectos, pero es bueno dar lo mejor de nosotros. Nos ayuda en todas los ámbitos.

Gálatas 5:19-21 dice:

> Y manifiestas son las obras de la carne, que son: adulterio, fornicación, inmundicia lascivia, idolatría, hechicerías, enemistades, pleitos, celos, iras, contiendas, disensiones, herejías, envidias, homicidios, borracheras, orgías, y cosas semejantes a estas; acerca de las cuales os amonesto, como ya os lo he dicho antes, que los que practican tales cosas no heredarán el reino de Dios.

Como hijos del Señor, debemos practicar los frutos del Espíritu, que son: amor, gozo, paz, paciencia, benignidad, bondad y fe. Hacerlo nos permitirá entrar al Reino de los Cielos.

Si haces o has hecho alguna de las obras de la carne mencionadas en Gálatas, todavía hay tiempo para que te arrepientas y comiences una vida con buenos hábitos.

No trates mal a los demás por lo que te sucede. No te amargues ni seas egoísta, humillante u orgulloso. Evita que el avance de otros te afecte; al contrario: alégrate y celebra con ellos sus victorias. Cuando logres esto, sabrás que Dios ha hecho grandes cosas en tu vida.

No dejes que el mal carácter tome control de ti. Puedes manejarlo con la ayuda de Dios. La ira, el enojo y la confusión no deben apoderarse de tu persona. Trata las áreas que te afectan, tú puedes. En el nombre de Jesús, no des lugar a mentir: por leve que sea, no deja de ser un engaño. Si empiezas con uno, se volverá costumbre. Eso te perjudica en el trabajo, en la iglesia, con tus amigos, con tu familia y con tus metas

Desde pequeña, mi padre me aconsejó no mentir, y fui obediente a su enseñanza, la cual me ha ayudado considerablemente en mis trabajos. Adondequiera que voy, me doy cuenta de que la sinceridad dirige al éxito. No tardes en cambiar los malos hábitos.

Lee Romanos 3:21-26.

Malos hábitos

No permitas que los malos hábitos te estanquen o te detengan. Si no tomas una decisión, te mantendrás atado a ellos. Un hábito es un patrón de comportamiento que se convierte en una acción involuntaria.

Si sientes o piensas que el televisor, el teléfono o las redes sociales están robando tu tiempo, es tiempo de que te desconectes y empieces a cambiar esa rutina por una mejor. El tiempo es muy valioso, por lo que es importante estar al pendiente de cómo se maneja y se invierte.

Hablar de los demás es una práctica indigna. Si no la corriges, se te hará costumbre y siempre estarás criticando.

Asimismo, quejarte por todo es un mal hábito. Posiblemente ya se te hizo normal lamentarte, tal vez a causa de disconformidad, enojo o resentimiento. Es tiempo de hacer cambios y dejar de protestar.

¡Es tan difícil dejar una mala costumbre y empezar una nueva!

Los malos hábitos hacen que las personas se sientan bien. Cuando hay un vicio, por ejemplo, este calma el estrés, es relajante. Sin embargo, sigue habiendo circunstancias adversas, ansiedad o tristeza. Por lo tanto, es un engaño del enemigo que al final te hará daño.

Las drogas te tranquilizarán un momento para que te distraigas de las preocupaciones, son temporales. Sin embargo, no eliminan el vacío, la tristeza ni la soledad. Si no tomas control de ello, te puede dejar en el olvido, llegando al punto de perder la cordura.

Sin la ayuda de Dios se te dificultará terminar con algunos de los hábitos mencionados. Hay muchos más, pero todo se puede en Cristo. Él tiene el poder de cambiar tu lamento por baile.

Reemplaza las malas costumbres con buenos hábitos. Uno de ellos, por ejemplo, es ir a la iglesia. En Romanos 10:17 dice: «Así que la fe es por el oír, y el oír, por la palabra de Dios».

Sé constante en los buenos hábitos y no te des por vencido, no te rindas. Él te ayudará en tu caminar diario y en todas las áreas de tu vida.

Buenos y malos hábitos

Los malos hábitos nos dificultarán progresar tanto material como espiritualmente.

Dios nos ayuda a trabajar en nuestros desafíos personales, pero debemos dar de nuestra parte para hacer transformaciones positivas. Atrévete a marcar la diferencia.

Ora de verdad. No acostumbres a decirle a tu hermano «Estoy orando por ti» y que no sea cierto. No necesitas mentirte a ti mismo.

Empieza a sonreírle a la gente que no es de tu agrado.

No te quedes estancado diciendo que no eres capaz, porque las palabras tienen poder. Intenta.

Decide y permite ser enseñado, sin importar por quién. Recuerda que no lo sabes todo.

Deja que otros tengan éxito y celebra con ellos. No des lugar a los celos ni al egoísmo. Pide humildad a Dios.

Haz del arrepentimiento un fundamento de tu vida.

Aprende a aceptar tus errores. Es difícil, pero nadie es perfecto. Todos solemos tener una debilidad. Reconocer nuestras fallas nos impulsará a avanzar. El paso indispensable para crecer es aprender de ellas.

No permitas que la ira, el orgullo y el odio te destruyan. La rabia no debe robarte el control. Que el orgullo jamás te haga creer que eres superior a los demás. Para Dios, todos somos iguales. Evita los pensamientos que ofenden a otras personas.

Dios se alegra cuando decidimos mejorar. Elige cambiar el área que te afecta. Todos tenemos debilidades, pero entregárselas a Dios genera descanso y paz.

No dejes de orar

Y todo lo que pidiereis en oración,
creyendo, lo recibiréis.
Mateo 21:22

Es de reconocer que hablar con Dios debe ser un hábito fundamental para todos nosotros. Transformar nuestra vida implica que estemos absolutamente convencidos de la importancia de orar.

La oración te ayudará en cada aspecto de tu día a día. No dejes de hablar con Dios, haz el esfuerzo de orar.

El enemigo conoce el potencial que el Señor te dio, y hará lo imposible para detenerte antes de que lo desarrolles. Cuando nos alejamos de Él, perdemos protección, lo cual abre las puertas a Satanás. La oración genera un escudo de resguardo a tu alrededor. No vivas sin el amparo de Dios, ni te des el lujo de vivir un día sin hablarle, porque hay un rival a muerte que no descansa. La oración es una conexión con el Altísimo. En muchas ocasiones se nos dificulta, pues Satanás siempre está pendiente de crear distracciones.

En lo personal, un tiempo atrás me costaba concentrarme para orar. El mínimo ruido me desconectaba. Luego empezaba a pensar en el trabajo o bien me daba sueño. La lucha duró hasta que pude vencer esas distracciones.

Ten coraje y ejerce la autoridad que Dios te ha dado. Si no lo haces, te quedarás estancado. A ciertas personas se les dificulta orar porque no saben qué decir; a otras, porque se sienten desanimadas. Quiero animarte a hacerlo, aunque te cueste. No podemos vivir sin oración, pues es nuestra vitamina espiritual, la que nos mantiene y nos da paz. Te prepara para afrontar obstáculos, facilitándote su solución y haciéndote más fuerte. La oración sana, restaura y libera.

Mateo 16:19 dice: «Y a ti te daré las llaves del reino de los cielos, y todo lo que atares en la tierra será atado en los cielos; y todo lo que desatares en la tierra será desatado en los cielos». Tenemos autoridad de crear y destruir. Sigue orando. Dios contestará las peticiones de tu corazón. No desistas.

Confía

Cuando pases por las aguas, yo estaré contigo;
y si por los ríos, no te anegarán.
Cuando pases por el fuego,
no te quemarás ni la llama arderá en ti.
Isaías 43:2

Cuán grande es el Señor en su poder y su amor hacia nosotros. Este versículo de la palabra de Dios es alentador y esperanzador. Confía en sus promesas; debes caminar seguro o segura de que ni el agua te ahogará ni el fuego te quemará.

Puede haber vientos contrarios, situaciones difíciles y noticias desagradables, pero Él en su palabra nos advierte y nos alerta que podemos caminar seguros. Por duros que sean estos vientos, nada te pasará.

Quiero decirte que saldrás de esa situación. Si lees Daniel 3:16, cuando echaron a Sadrac, Mesac y Abednego en el horno de fuego, este no tuvo poder sobre sus cuerpos porque los tres varones confiaron en Dios y Él los libró del fuego; así, nuestro Redentor nos protege de cualquier situación. Por eso, debemos seguir confiando en el Señor. Ensancha tu fe confiando que el Dios que sirves hará cosas grandes en tu vida y te librará de diferentes formas.

Tu nivel de fe depende del nivel de confianza que tienes en Dios.

No dudes

Y he aquí que se levantó en el mar una tempestad tan grande que las olas cubrían la barca; pero él dormía y vinieron sus discípulos y le despertaron, diciendo: ¡Señor, sálvanos que perecemos! Él les dijo: ¿por qué teméis, hombres de poca fe? Entonces levantándose reprendió los vientos y al mar: y se hizo grande bonanza.

San Mateo 8:24-26

Puede ser muy grande la tempestad, pero debemos confiar en el Señor sin importar qué tan grande sea. Dios les dijo a los discípulos que no temieran; es un ejemplo que nos dejó a nosotros para que no tengamos miedo.

La manera en que podemos enfrentar cualquier tipo de tormenta es orando, porque la oración tiene resultados.

No permitas que la negatividad entre por medio de la tormenta que estés enfrentando porque, detrás de ello, viene la duda y luego el temor. Y al abrir la puerta a estos espíritus contrarios, podemos perecer. Por eso, debemos mantenernos fuertes en oración, para ser fuertes en cualquier situación.

Debemos pedirle a Dios ser valientes y no dudar, y el Señor así puede calmar los vientos adversos que vengan en contra de nosotros. No dudes; sigue confiando.

Carácter para seguir a Jesús

Apártate del mal, y haz el bien, y vivirás para siempre, porque Jehová ama la rectitud, y no desampara a sus santos. Para siempre serán guardados; mas la descendencia de los impíos será destruida.

Salmos 37:27-28

Debemos apartarnos del mal y vivir en rectitud, como Dios quiere que vivamos, y decir «no» al pecado. De esta forma, no nos podrá separar del amor de nuestro Señor, ni podrá debilitar nuestro carácter. Tú podrías decir: «¿Qué se necesita para tener este carácter?», se requiere decisión, obediencia, fe, oración y tiempo para Dios, y lo logramos viviendo en rectitud. Debemos pedirle al Espíritu Santo que nos guíe y utilizar la fe para desarrollar el carácter de Cristo, y cuando hablo de esto, no es que tengamos un problema o que seamos agresivos u ofensivos; al contrario, el carácter de Dios nos forma en crecimiento espiritual y nos hace fuertes para afrontar cualquier situación.

Dios quiere formarnos para mantenernos firmes; debemos tomar la decisión de tener activado el carácter de Cristo, para el cual se requiere humildad y obediencia. Para obtenerlo, se necesita valentía, valor moral y persistencia, ser honesto y amable, mostrar el amor de Dios y ser un testimonio con nuestra manera de comportarnos.

También podemos desarrollar carácter controlando los pensamientos negativos; diciéndole «no» al temor, diciendo «no» a la duda, y también el carácter influye mucho en las decisiones que nosotros tomamos. Pidámosle a Dios dirección por cada decisión que vamos a tomar.

Debemos tomar la decisión de vivir en rectitud; Dios nunca nos desampara. Él siempre nos guardará.

Ora con fe

—Dame acá tu hijo —le respondió él.
Y tomándolo del regazo de la viuda, lo subió al cuarto
donde él estaba alojado y lo acostó sobre su cama.
Luego clamó al Señor en voz alta: «Señor y Dios mío,
¿también has de causar dolor a esta viuda,
en cuya casa estoy alojado, haciendo morir a su hijo?»
1 Reyes 17:19-20

Si te puedes dar cuenta, el que clamó por el hijo de la viuda era Elías; él era uno de los moradores de Galaad. Era un hombre obediente a la voz de Dios; oró y se tendió sobre el niño tres veces y clamó, y el hijo de la viuda tuvo vida nuevamente.

¿Te imaginas cuál sería el secreto de Elías para orar? Todo lo que pedía, sucedía. Elías oraba con fe, creyendo en que lo que pedía, así sería. Es un ejemplo a seguir para nosotros, hoy en día, para que oremos con fe en cada petición que tengamos, creyendo que lo que pidamos sucederá. Si has orado y todavía no has tenido una respuesta, es posible que ya te hayas cansado o hayas pensado que Dios no te contesta. No te detengas; sigue orando con fe, que Dios te contestará. Debemos insistir como Elías; él oró tres veces y sucedió. Eso quiere decir que debemos ser persistentes y consistentes.

Quiero decirte que, si todavía no has hecho de un hábito la oración, te invito a que ores más, porque a través de ella obtenemos los milagros. Sin oración, nos debilitamos y nos cuesta ver las respuestas que Dios tiene para nuestras vidas. Para ver el milagro, sigue orando con fe y mirarás la mano del Señor a tu favor. No te canses, ora con fe.

No temas

El que habita al abrigo del Altísimo, morará bajo la sombra del omnipotente.
Salmos 91

El Señor nos dejó muchas promesas para confiar en Él y para aplicarlas a nuestras vidas. Él sabía que las íbamos a necesitar en estos tiempos tan difíciles que estamos viviendo; no debemos tener temor ni angustia. Cuando te desanimes por los momentos arduos, te digo: no tengas miedo, sigue confiando. No permitas que tu mente se llene de pensamientos temerosos porque es lo que quiere el enemigo; no debemos abrirle las puertas para que entre; hay que tomar la decisión y profetizar a nosotros mismos que todo va a estar bien, porque si sabemos que Él habita en nosotros y moramos bajo su sombra, no debemos temer. Yo quiero animarte a que no temas, porque llegue lo que llegue y pase lo que pase, el Señor está con nosotros. Puedes seguir leyendo el salmo 91 y te seguirá alentando y animándote a seguir adelante.

En los versículos 5-6, dice: «No temerás el terror nocturno, ni saeta que vuele de día, ni pestilencia que ande en oscuridad, ni mortandad que en medio del día destruya». Al Señor le agrada que seamos obedientes; no debemos sentir miedo. Humanamente sé que nos debilitamos y, en ciertos momentos, el temor va a querer llegar, pero tienes que recordar que no debemos temer del terror nocturno, así es que no debemos sentir miedo de la oscuridad de la mortandad y recordarnos que nada nos puede destruir, porque el Señor está con nosotros. No temas.

No permitas que el temor te paralice

En el amor no hay temor,
sino que el perfecto amor echa fuera el temor;
porque el temor lleva en sí castigo.
De donde el que teme,
no ha sido perfeccionado en el amor.
1 Juan 4:18

Me impresiona tanto el amor de Dios: su amor echa fuera todo temor. Por eso, no debemos tener miedo; nosotros podemos vencer nuestros temores, frustraciones y ansiedades sabiendo que, con el amor de Dios, podemos vencer nuestros miedos.

No pienses que eres el único que ha sentido temor, y no debes sentirte inferior o incapaz por ello, porque en esta vida todos hemos luchado con temores e inseguridades. El punto aquí es cómo afrontarlos y vencerlos, porque el Señor nos ha hecho capaces para vencer nuestros miedos, haciéndonos fuertes para asumir nuestras dificultades. Cuando, en vez de tener temor, desarrollamos nuestras capacidades, es porque Dios nos está dando esa valentía para ser fuertes.

Así que no hay excusa para no vencer. En Cristo Jesús todo lo podemos hacer; ya no debemos ser movidos por el temor sino, al contrario, nosotros debemos removerlo y echarlo fuera de nuestras mentes y de nuestros corazones.

Como hijos de Dios, debemos caminar confiados con fe y seguridad en que tenemos un Dios poderoso que cuida de nosotros.

No adelantemos nuestros pensamientos en desafíos que nos intimidan. Para dejar de caminar con temor y vivir recordando el pasado, para hacer olvidar tu mente de lo que ya pasó; cuando quiera volver a atemorizarte, es tiempo de decirle «no más» y caminar en libertad.

Camina en libertad

Estad, pues, firmes en libertad con que Cristo nos hizo libres, y no estéis otra vez sujetos al yugo de esclavitud.

Gálatas 5:1

La palabra de Dios es tan clara que, si estamos firmes, lo seremos, y caminar en libertad es tener la verdadera confianza en el Señor.

Dios nos ha dado libre albedrío. Si queremos caminar en libertad o en esclavitud, nosotros elegimos qué queremos. Debemos tener cuidado de las decisiones que tomamos, porque cuando pedimos dirección o guía a Dios, esto nos permite caminar en libertad. Dios siempre quiere solo lo mejor para nosotros; debemos ser obedientes con nuestros padres y con el Señor, para poder caminar en libertad.

Dios nos ama tanto que Él quiere que nos vaya bien en todas las áreas de nuestra vida.

No debemos dudar que cuando vivimos en esclavitud, es porque nosotros hemos elegido hacerlo por medio del pecado, siendo desobedientes a Dios y separándonos de Él. Pero nunca es tarde para salir de esa esclavitud; tenemos que cambiar nuestra manera de pensar, nuestra manera de vivir y decidir hacerlo en libertad.

Aquí algunos ejemplos que pueden impedirte que camines en libertad:

ansiedad,

temores,

angustias,
malas decisiones,
pecados,
inseguridades,
desobediencia.

Debemos tener cuidado con algunos ejemplos. Para caminar en libertad, hay que caminar confiados, en obediencia, con gozo; caminar con fe y ser positivo, creyendo que todo estará bien.

Vive en libertad, ¡no tengas miedo!

Epílogo

Agradezco profundamente al Señor por la oportunidad de escribir este texto. Hubo muchos altibajos en el proceso. Sufrí oposición y desilusiones capaces de hacerme desistir, pero gracias a Dios conseguí ser fuerte y cumplir con lo que me había propuesto. En medio de la adversidad, le pedía al Todopoderoso que me ayudara. Mis ánimos se reactivaban con frecuencia, podía sentir su respaldo y su guía. No hubiese sido posible sin su ayuda.

Espero que mi testimonio sea beneficioso para tu vida. Es posible que alguno atraviese o haya pasado por una crisis de ansiedad similar a la que me atacó. Lo repito: la medicina más efectiva es la oración. No la encuentras en una farmacia ni tiene un costo, es gratis. Solo necesitas esfuerzo, autoridad y fe.

El impulso que me condujo a escribir este libro fue la obediencia a Dios. Él fue quien me guio en este proyecto, a fin de que bendijese a otros con palabras de aliento. No lo hice buscando fama o ser la mejor, sino a través de humildad, esfuerzo, amor y dirección de Dios.

Por último, quiero hacer una invitación a aquellos que lean este libro y no hayan conocido a Cristo, o a quienes se hayan apartado de los caminos de Dios, a que realicen nuevos votos con el Señor. Pronuncia esta oración:

> Señor Jesús, reconozco que soy pecador y me arrepiento de todos mis pecados. Lávame, límpiame. Te agradezco por ser el Señor de mi vida. De hoy en adelante tú eres mi gobernador y libertador. Gracias por reinar en mi corazón y por tu perdón. Amén.

Si no tienes una iglesia luego de haber orado, busca una donde puedas congregarte.

Gracias, Dios, porque fuiste tú quien me sanó.

Todas las escrituras citadas fueron tomadas
de la Biblia Reina Valera.

Otros títulos religiosos publicados por Ediquid

Oraciones perdidas (Belkis Santos)

Orar para el alma (Pía Baltra)

La batalla del músico (José A. Benítez Galeana)

Anclando paz en la Tierra con ángeles (Dayling Alemán)

La virgen de Monserrate en la tradición puertorriqueña (Nitza Mediavilla Piñero)

www.ingramcontent.com/pod-product-compliance
Lightning Source LLC
LaVergne TN
LVHW091045150826
845673LV00002B/472

* 9 7 8 6 1 2 5 0 7 8 4 0 7 *